図解&事例で学ぶ

会議・打ち合わせの教科書

会議・打ち合わせ研究会 著

マイナビ

はじめに

ビジネスシーンにおいて、会議・打ち合わせは仕事時間の大きな割合を占めています。仕事時間の8割が会議・打ち合わせに費やされている、というような人も珍しくありません。それらの会議・打ち合わせの中には、明確な目的がなく習慣的に実施されていたり、上司の持論を延々と聞かされるだけだったりと、生産的と言い難いものも多々あります。そうした会議・打ち合わせに貴重な時間を奪われることにうんざりして、なんとか会議・打ち合わせの質を高めたいと悩んでいる人は多いでしょう。私もそのひとりです。何度も会議・打ち合わせを重ねたのに重要なことは何も決まっていない……、そんな経験が何度もあります。

仕事の効率を上げるためには、会議・打ち合わせのやり方を変えなくてはならない。ビジネスの一線で活躍していた友人たちと会った際に、そんな思いをぶつけてみると、彼らも会議・打ち合わせに対して大きな問題意識を感じており、「会議・打ち合わせをなんとかしたい」というテーマで盛り上がりました。

それがきっかけとなって我々は会議・打ち合わせの質を上げるためのクローズドな研究会を立ち上げ、取材や文献研究を行い、現在の会議・打ち合わせの問題点や、理想の会議・打ち合わせの形、そしてどうすれば理想に近づけるのかを探ってきました。

その結果生まれたのが本書です。

会議・打ち合わせにはさまざまな種類、やり方があって、決まった型がないように見えるかもしれません。万人にあてはまる法則性などなく、結局のところは個人個人がケースバイケースで対応していくしかないと考えている人も多いでしょう。

しかし仕事で結果を出している人の会議・打ち合わせには、多くの共通項があります。本書ではその共通項を整理・分析し、会議・打ち合わせを改革するためのノウハウをまとめています。


本書は次の7章で構成されています。

- 第1章……会議・打ち合わせの種類と目的を知ろう
- 第2章……会議・打ち合わせの成否は準備段階で決まる!
- 第3章……会議・打ち合わせをスムーズに進行させるには?
- 第4章……会議・打ち合わせで役立つ図解&板書術
- 第5章……議事録の作り方をマスターしよう
- 第6章……会議・打ち合わせのトラブルシューティング
- 第7章……終了後は反省点をチェックして次回に活かす

第1章では、会議・打ち合わせの目的や種類、参加者の役割など、基本的な知識を解説しています。

第2章では、会議・打ち合わせの準備について解説します。会議・打ち合わせにおける準備の重要性は見落とされがちですが、準備段階から、よい会議・打ち合わせを行うためには何が必要かを意識することが大切です。

第3章では、会議・打ち合わせをスムーズに進行させるために必要な知識と技術を解説します。会議・打ち合わせを有意義なものにするために気をつけるポイントや、他の参加者からより多くの意見を聞き出すテクニックを身に付けられます。

第4章では、会議・打ち合わせの効率をアップさせる板書術を解説します。近年注目度が高まっている「ファシリテーショングラフィック」のノウハウを取り入れれば、会議・打ち合わせの質を一段階上げることができます。

第5章では、議事録の作り方、会議・打ち合わせの結果を共有する方法について解説します。

第6章では、会議・打ち合わせで多くの人が経験したことがあるであろうトラブルを想定し、その解決策や対応策を解説します。

第7章では、会議・打ち合わせが終わった後に、内容を振り返って評価・改善する方法について解説します。

新入社員から管理職の方まで、だれにとっても役立つ実践的な内容になっているので、明日からの仕事にぜひ役立ててください。

目次

第3章 会議・打ち合わせをスムーズに進行させるには？……73

第6章 会議・打ち合わせのトラブルシューティング

第7章 終了後は反省点をチェックして次回に活かす

第１章

会議・打ち合わせの種類と目的を知ろう

1-01

なぜ会議・打ち合わせを行うのか

目的は「ビジネスを進める」こと

▼会議・打ち合わせを改善すれば仕事の質が高まる

会議・打ち合わせは他人と協力してビジネスを行う際に必要不可欠なものです。ビジネスシーンではさまざまな種類の会議・打ち合わせが毎日のように行われており、中にはあまり意味のない会議・打ち合わせもあります。大勢で集まって長い時間をかけて会議を行ったけれど、結局、会議をする前と何も変わっていない……なんて経験がある人もきっと多いはずです。

そもそも、なぜ会議・打ち合わせを行うのでしょうか?

会議・打ち合わせの目的は、仕事の方法や期限の確認・決定、お互いの意思の確認・共有などいくつか挙げられますが、それらを一言でまとめると「**ビジネスを前に進めること**」になります。これは非常に基本的なことですが、それだけに意外と忘れやすいものです。ビジネスを前進させる意識が希薄だと、たとえば部下が上司のご機嫌とりに終始するような、非生産的な会議・打ち合わせが生まれやすくなります。

ビジネスに欠かせない会議・打ち合わせ

ビジネスのために
能力や個性の異なる
複数の人間が集まる

会議・打ち合わせによって

意思決定
情報の共有
部門間の調整 etc

を行う

ビジネスを次の段階に進められる

**会議・打ち合わせの効率を上げると
ビジネスの効率が上がる**

1-02

目的の理解が成功への必須条件

何をすべきかが曖昧では成果につながらない

▼目的意識が薄いと無駄が生まれる

どんな会議・打ち合わせでも、参加者がその目的をしっかりと理解していることが大切です。**「何のための会議なのか」がわかっていない参加者がいると、無駄な議論が生じやすくなり、会議・打ち合わせが長引く原因になります**。

「会議・打ち合わせの目的を理解する」なんて、とても基本的なことに思えるかもしれませんが、この基本がおろそかになっているせいで、ダメ会議になっているケースが多く見られます。

たとえば、期待できる新企画のアイデアをいくつか出すことが目的の場合と、複数のアイデアを出して最終的な案をひとつに絞ることまでが目的の場合とでは、参加者の意識が違います。当然、進行のペースも変わってくるでしょう。

会議・打ち合わせを行う際は、開始段階でその目的を参加者全員で共有できているように気をつけてください。

目的が共有できていないとダメ会議が生まれる

目的が共有できている会議・打ち合わせ
目的を達成するためには何が必要だろうか?
もっといいアイデアはないだろうか?
目的達成に向けた有意義な話し合いができる

目的が共有できていない会議・打ち合わせ
この会議って何のための会議なんだろう?
とりあえず黙って話を聞いていよう…
参加者の力が十分に発揮されない

1-03

会議・打ち合わせの種類を知ろう

会議・打ち合わせは大きく5つにわけられる

▼会議・打ち合わせの種類によって求められるものは異なる

ビジネスシーンでは多種多様な会議・打ち合わせが行われていますが、それらの会議・打ち合わせはいくつかの種類にわけることができます。本書では会議・打ち合わせの目的に着目して、次の5つに分類します。

①意思決定型…何かを決定する会議・打ち合わせ
②アイデア交換型…新しい企画などのアイデアを出し合う会議・打ち合わせ
③報告型…情報を共有したり、参加者間の調整を行うための会議・打ち合わせ
④コーチング型…上司が部下を教育するための会議・打ち合わせ
⑤その他の会議…①～④にあてはまらない会議・打ち合わせ

会議・打ち合わせの種類によって目指すべきものは異なります。意思決定型会議・打ち合わせに参加するスタンスで報告型会議・打ち合わせに参加しても芳しい結果は出ません。会議・打ち合わせの種類を正しく見分け、最終的な目的を見誤らないようにしましょう。

会議・打ち合わせの種類

意思決定型

参加者の知恵を集め、何かを決めるための会議・打ち合わせ。ビジネスの成否に大きく影響する

アイデア交換型

参加者がアイデアを出し合う会議・打ち合わせ。環境作りや進行方法を工夫することで効率が上がる

報告型

メンバー間で情報を共有するための会議・打ち合わせ。報告だけを行う場合は、生産性が低くなりやすい

コーチング型

部下の成長を促すための会議・打ち合わせ。参加者にやる気がないと成果につながりにくい

その他

上記の他にも、顔合わせやコミュニケーションの促進など、さまざまな目的の会議・打ち合わせがある

1-04

重要事項を決める意思決定型会議

ビジネスの成否をわける重要な会議

▼何かを決める会議・打ち合わせ

意思決定型会議は、実施すべき施策や販売戦略など、何かを決定する会議・打ち合わせです。会議・打ち合わせのタイプとしては最も代表的なものといえるでしょう。会社の方針を決定したり、問題点を解決したりと、ビジネス上重要な会議・打ち合わせの多くがこの意思決定型会議に分類されます。

このタイプの会議・打ち合わせは、最初に現状と選択肢を確認し、次にそれぞれの選択肢のメリットやデメリットなどを比較・検討し、最終的にベストと思われるものを選ぶ、というのが基本的な流れになります。参加者の意見がまとまった後は、社長などの「決定権者」が最終的な結論を決めるのが一般的です。

意思決定型会議では、会議・打ち合わせの前に行う準備や、会議・打ち合わせ中の進行が特に重要です。意思決定型会議の結果はビジネスの成否に直結することが多いだけに、ここでいかに内容のある話し合いができるかが勝負です。

意思決定型会議・打ち合わせの重要ポイント

議題

議題の設定は最も重要。「この会議・打ち合わせで何を決めるのか」を正しく設定することがベストな意思決定への第一ステップとなる

参加メンバー

意思決定権者だけでなく、重要な知見・情報を持つ人、議事進行を円滑にする人など、正しい意思決定のためにはさまざまな人が必要になる

時間配分

時間配分を誤ると会議・打ち合わせが必要以上に長引いてしまったり、重要なテーマについて十分に議論できなくなったりしてしまう

結論の決め方

決定権者が決めるのか、全員の話し合いで決めるのか、最終的な結論の決め方が明確になっていないともめることがある

1-05

発想力が問われるアイデア交換型会議

ブレインストーミングの4原則

▼質より量でとにかく多くのアイデアを出そう

アイデア交換型の会議・打ち合わせは、「ブレインストーミング」とも呼ばれ、さまざまなアイデアを集めることが目的です。意思決定型会議・打ち合わせの一部として行われるケースもあり、最終的に結論を出す会議・打ち合わせは意思決定型、結論を出さずにアイデアを出し合うことが目的の場合はアイデア交換型となります。

アイデア交換型会議・打ち合わせでは、いかによいアイデアを出せるかが勝負です。そのためには、準備段階からアイデアを出しやすい環境作りに力を入れなくてはいけません。どのように準備を進めるかは第2章で詳しく解説します。

また、**ブレインストーミングでは「結論を求めない」「どんなアイデアも肯定する」「質より量を重視する」「アイデアを組み合わせて発展させる」の4つが基本的なルールとされています**。これらを守ることでアイデア交換型会議・打ち合わせの生産性が上がるので、必ず頭に入れておきましょう。

ブレインストーミングの4原則

結論を求めない

ブレインストーミングの目的は、アイデアを出し合うことであり、結論を決めることではない。アイデアを評価し、結論を出すのは次の段階に進んでから

どんなアイデアも肯定する

他の参加者が出したアイデアを評価したり、否定したりすると、次のアイデアが出にくくなる。くだらないアイデアでも歓迎する

質より量を重視する

「いいアイデアを出そう」という気持ちが強いと、アイデアがまったく思いつかなくなる。たくさんのアイデアを出そうとする姿勢が、いいアイデアを生むことにつながる

アイデアを組み合わせて発展させる

平凡なアイデアでも、他のものと組み合わせると素晴らしいアイデアになる場合がある。アイデアを掛け合わせる意識が重要

これらのルールを守ることで
いいアイデアが生まれやすくなる

1-06

情報共有のための報告型会議

「聞いているだけ」になりがち

▼発言時間を短くする意識が大切

報告型会議は、参加者に対して、発言者が意見や情報を報告するタイプの会議・打ち合わせです。報告型会議は、発言者が延々としゃべり、その他の参加者はただ話を聞くだけになりやすいという特徴があります。もちろん必要な情報はしっかり伝えなければなりませんが、**発言者は要点を簡潔にまとめ、発言時間をだらだら引き延ばさないようにすべきです**。

また、報告だけが目的の会議・打ち合わせは、可能ならば、報告書やメールなど、他の手段に切り替えた方が効率的でしょう。

役員クラスが主役となって慣例的に行われている報告会などは、たとえ意味がないと感じても、一個人の意見でどうこうするのは難しく、「報告会は休憩時間だと考えよう」なんて開き直っている人もいるかもしれません。そういう場合でも、鋭い質問をして上司に積極性をアピールする場ととらえるなど、自分なりの目的を作って、できるだけ前向きな姿勢で臨むべきでしょう。

報告型会議・打ち合わせ

情報共有やメンバー間の調整が主な目的

報告型会議・打ち合わせの例

・プロジェクトの進捗状況を確認する会議
・顧客からの問い合わせ状況を報告する会議
・新商品の売上を発表する会議
・取引先からの苦情を共有する会議

報告を聞くだけの参加者は集中力を持続させにくい

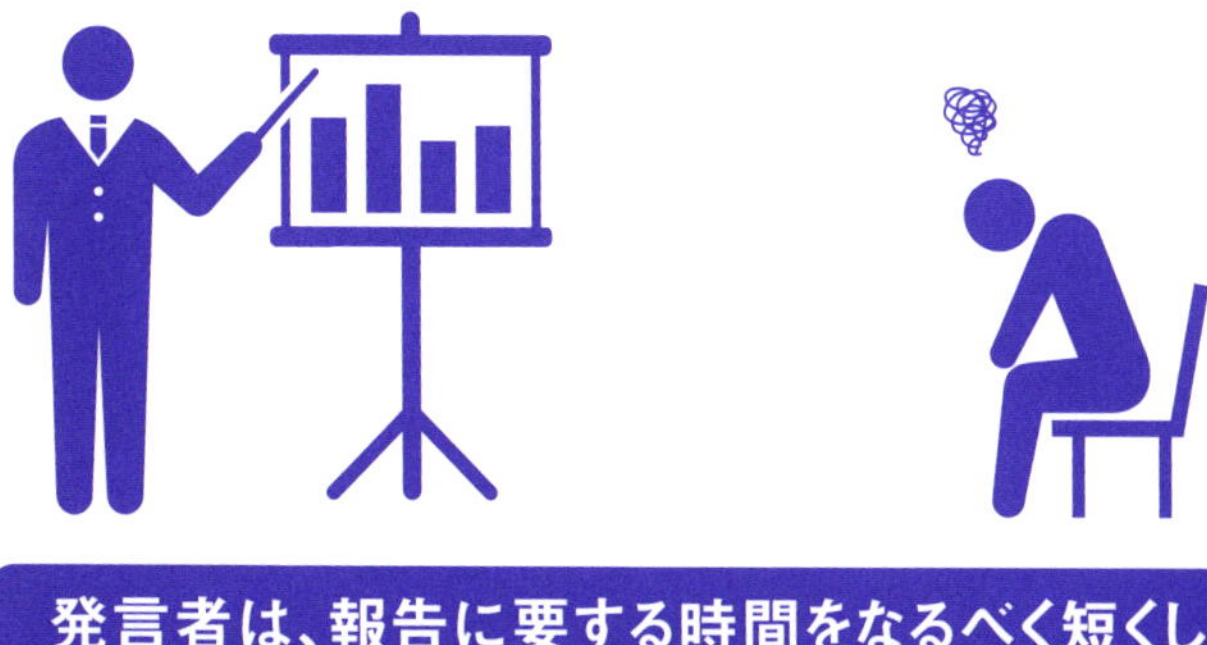

発言者は、報告に要する時間をなるべく短くし、聞く側の集中力を持続させることが大切

1-07

教育が目的のコーチング型会議

目的は参加者のスキルアップ

▼やる気を引き出す工夫が求められる

コーチング型は、部下の教育を目的とした会議・打ち合わせです。この手の会議・打ち合わせは、上司が長々と発言するものの、部下の心にはほとんど響かない……という結果になりやすいので注意が必要です。

コーチング型会議・打ち合わせの効果を上げるには、参加者に質問を投げかけて考えさせたり、後日レポートを提出させたりする工夫が求められます。ただみんなを集めて話をするだけでは、いくら知見に富んだ内容でもなかなか参加者の成長につながりません。もちろんやる気に満ちた参加者にとってはレベルアップのヒントを得られる有意義な時間なのですが、そういった参加者は非常に少ないと考えておくべきです。

このタイプの会議・打ち合わせは参加者の時間を奪うだけという結果になることも多いので、いろいろ工夫しても参加者にやる気が感じられない場合には、会議・打ち合わせ形式でのコーチング自体をやめてしまうのもひとつの手でしょう。

コーチング型会議・打ち合わせ

一方通行なコーチング型会議・打ち合わせ

他の仕事も忙しいのに…
早く終わらないかな

一生懸命話してもやる気のない参加者は成長しない

参加者のやる気を引き出す工夫が必要

やる気を引き出す工夫の例

・レポートなどの課題を用意する
・給与アップなどの報酬を用意する
・参加者に十分な発言の機会を与える
・努力した参加者を褒める

参加者のやる気が増せば成果が大幅に上がる

1-08

顔合わせやアリバイ作りが目的の場合も

さまざまな目的で開かれる会議・打ち合わせ

▼出席しても意味がない場合も

会議・打ち合わせの目的は本当にさまざまです。たとえばプロジェクトの参加者が顔合わせだけのために集まる場合もありますし、飲み会の席でざっくばらんに行われる情報交換なども広い意味では会議・打ち合わせと呼ぶことができます。

また、実は最初から結論が決まっていて、主催者が「会議をして、ちゃんとみんなに意見を聞きましたよ」という体裁を作るためだけに開かれる会議・打ち合わせもあるでしょう。

他にも、その会社だけでしか行われていないような個性的な会議・打ち合わせが世の中にはたくさんあると思います。本書ではこれらの会議・打ち合わせを「その他」に分類します。

その他の会議・打ち合わせには、一般的な会議・打ち合わせのイメージとかけ離れたものも多く、**参加者の意見が軽視される場合もよくあります**。自分が参加しても意味がない会議・打ち合わせに関しては、出席を回避することが一番効率的かもしれません。

ダメな会議になりやすいケース

プロジェクト参加者の顔合わせ

今後のビジネスのためにお互いのことを知るべく集まる。話し合いの中身は雑談が中心になりやすい

社員のストレス解消

仕事上の不満や改善してほしい点などを言い合う。意見を言い合うだけで、改善は行われないケースも多い

ノルマの達成

「水曜日には企画会議を行うこと」といった社内の取り決めを守るためだけに開かれる。もちろんいいアイデアは出ない

主催者のアリバイ作り

「ちゃんとみんなの了解をとっています」という体裁を作るために開かれる。反対意見が出ても結論は変わらない

だれにも目的がわからない

なんとなく開かれていて、実は主催者もはっきりした目的がわかっていない

1-09

参加者の役割は3種類に分類できる

決定権者、司会役、その他の参加者

▼意思決定の責任者と司会者の影響力

一般的な会議・打ち合わせの参加者は3種類に分類できます。上司・役員といった「決定権者」と、進行を担当する「司会役」、そして「その他の参加者」です。

決定権者は最終的な結論を決める参加者で、発言力が強く、一言で会議・打ち合わせの流れを変える力を持っています。

司会役は会議・打ち合わせを進行するポジションで、議論の方向性や時間配分をコントロールできます。主催者が司会役を兼ね、議論にも参加するのが一般的ですが、議論に参加せず、進行管理に専念する場合もあります。

決定権者と司会役は大きな影響力を持っているので、その他の参加者以上に言動に気を配らなくてはいけません。

会議・打ち合わせがうまくいかずに悩んでいる場合は、決定権者もしくは司会役を別の人に代えてみるというのも有効な選択肢になるでしょう。

会議・打ち合わせ参加者の役割

決定権者

意思決定型会議・打ち合わせにおいて、最終的な結論を下すポジション。迅速かつ的確な判断力が求められる。強い発言力を持っていて、ささいな言動が参加者に大きな影響を与える

司会役

会議・打ち合わせの進行を担当する参加者。参加者から意見を引き出し、議論の流れをコントロールする。発言の影響力は決定権者に次いで大きい

その他の参加者

決定権者、司会役でもない参加者。多くの場合、参加者の大半を占め、会議・打ち合わせの主戦力といえる存在。ひとりひとりの力は個人差が大きい

1-10

よい会議・打ち合わせの特徴とは？

どんな会議・打ち合わせを目指すべきか

▼よい会議・打ち合わせには無駄がない

よい会議・打ち合わせとは、どのようなものでしょうか。よい会議・打ち合わせに見られる特徴をいくつか列挙してみましょう。

- 定刻通りに始まって定刻通りに終わる
- だれでも自由に発言できる雰囲気がある
- だれの発言でも平等に評価される
- 意味のない参加者がいない
- 電話やトイレのために席を離れる参加者がいない
- 後ろ向きな発言より前向きな発言が多い

これらの項目の多くがあてはまる会議・打ち合わせは、有意義な時間の使い方ができているといえるでしょう。自分が参加する会議・打ち合わせと照らし合わせて、改善点をチェックしてみてください。

いい会議・打ち合わせの特徴

- ☑ 定刻通りに始まって定刻通りに終わる
- □ だれでも自由に発言できる雰囲気がある
- □ だれの発言でも平等に評価される
- □ 意味のない参加者がいない
- □ 電話やトイレのために席を離れる参加者がいない
- □ 後ろ向きな発言より前向きな発言が多い
- □ ポジティブな雰囲気がある
- □ 参加人数が多すぎたり少なすぎたりしない
- □ 必ず結論が出る
- □ 会議・打ち合わせ終了後、充実感がある

**あてはまる項目が多いほど
いい会議・打ち合わせになりやすい**

1-11

ダメな会議・打ち合わせの特徴とは？

こんな会議はダメ会議

▼巷にあふれるダメ会議

世の中には、効率の悪い「ダメ会議」がたくさん存在します。ダメ会議によく見られる特徴をいくつか列挙してみましょう。

- 会議・打ち合わせが始まるまで議題がわからない
- 会議・打ち合わせの時間が2時間を超える
- 遅刻してくる参加者がいる
- 特定の人しか発言しない
- マンネリムードが漂っている
- 議題と関係のない雑談が多い
- 開始時間、終了時間が守られない

自分が参加した会議・打ち合わせがこれらの項目にあてはまる場合は、改善の余地があるといえます。本書を読み進め、自分にできることから始めてみてください。

ダメな会議・打ち合わせの特徴

- ☑ 会議・打ち合わせが始まるまで議題がわからない
- □ 会議・打ち合わせの時間が2時間を超える
- □ 内職をしている参加者がいる
- □ 遅刻してくる参加者がいる
- □ 特定の人しか発言しない
- □ マンネリムードが漂っている
- □ 議題と関係のない雑談が多い
- □ 開始時間、終了時間が守られない
- □ 会議・打ち合わせ中に携帯電話がよく鳴る
- □ 会議・打ち合わせで決まったことが守られない

**いずれかの項目にあてはまる場合は
ダメ会議の可能性アリ**

1-12

少人数・短時間を意識しよう

会議・打ち合わせのコスト

▼長く話し合えばよい結論が出るわけではない

会議・打ち合わせの効率を上げる方法として、一番わかりやすいのは時間を短縮することです。

会議・打ち合わせの時間が長すぎると、参加者の集中力が続かず、どうしてもダレた雰囲気になってしまいます。いつ終わるともわからない会議で思わず居眠りしそうになった……という経験がある人は少なくないでしょう。

たっぷり時間をとって複数の議題についてだらだらと話し合うよりも、議題をひとつに絞って短時間で話し合う方が有益といえます。目安としては会議・打ち合わせひとつにつき1時間以内くらいを目標にしたいところです。短時間会議が当たり前になれば、参加者たちの集中力も高まってくるはずです。

どうしても何時間も話し合う必要がある場合は、何日かにわけて開催したり、休憩を多めにとったりした方がいいでしょう。

会議・打ち合わせにかかるコスト

1人あたりの時給を2000円として
会議・打ち合わせのコストを簡単に計算してみると…

10人で2時間の会議をした場合

× 2時間

コストは4万円

5人で1時間の会議をした場合

× 1時間

コストは1万円

短時間・少人数を意識することでコストを減らせる

コラム

会議・打ち合わせの天敵「集団思考の落とし穴」

「三人寄れば文殊の知恵」という言葉がありますが、複数の人間が集まれば必ずよいアイデアが出るとは限りません。大勢が集まった結果、話し合いがうまく運ばなかったり、愚かな結論が導き出されたりするケースも珍しくありません。このように大勢が集まって何かを考える際に生じるデメリットは、「集団思考の落とし穴」などと呼ばれています。代表的な集団思考の落とし穴には次のようなものがあります。

- 社会的手抜き…「自分ひとりくらい」という気持ちから生まれる手抜き
- 感情的対立…嫌いな相手への心理的な反発
- 声高少数者の影響…目立つ意見が強い影響力を持つ
- 集団圧力と同調行動…集団が作り出す圧力が同調行動を引き起こす
- 集団愚考…極端な意見や万人が納得する無難な意見が採用されやすくなる

集団思考の落とし穴にはまってしまうと、会議・打ち合わせの効率は大きくダウンします。十分注意しておきましょう。

第２章

会議・打ち合わせの成否は準備段階で決まる！

2-01

よい会議・打ち合わせへの第一歩は入念な準備

会議・打ち合わせをデザインする

▼議題はなるべく具体的に

よい会議・打ち合わせを行うためには、しっかりとした準備が必要です。準備段階で行う事柄としては、「目的と議題の設定」「参加メンバーの選定」「開催日時、場所の設定」「必要な資料の作成と配布」「重要メンバーに対する根回し」「当日の進行シミュレーション」などがあります。

目的と議題の設定は、議論のスタート地点とゴール地点を決める非常に重要なポイントです。ここで間違った設定をしてしまうと、効率よく議論を進めることはできません。

議題を設定する際に気をつけたいのは、わかりやすく具体的な内容にすることです。「商品Aの新しい企画について」といったものよりも、「商品Aの売上を3割上げるための企画案を3つ考える」というテーマの方が、会議・打ち合わせのゴール地点を明確にイメージでき、議論の内容も充実します。また、参加者のやる気を引き出すという意味で、やりがいを感じられる議題を設定できればベストです。

よい会議・打ち合わせに必要な要素

適切な
目的・議題
多すぎず
少なすぎない
参加人数
話しやすい
環境
参考資料の
配布
高い
モチベーション
事前の
根回し

2-02

参加メンバーは厳選しよう

「とりあえず呼んでおこう」はナシ

▼目的達成に必要なメンバーだけを集める

参加メンバーの選定で大事なのは、会議・打ち合わせの目的を達成するために必要なメンバーを過不足なく集めることです。

特に意思決定型の会議では、参加人数を増やしすぎない意識が大切です。何かを決める際には、人数が多ければ多いほど意見がまとまりにくくなります。大勢であぁでもないこうでもないと話し合って、よい結果につながればいいのですが、多くの場合、そうはなりません。話し合いに疲れて「とりあえず結論を出したい」という気持ちから、それほど魅力的ではない最も無難な選択肢が最終的な結論として選ばれるケースがよく見られます。意思決定型会議・打ち合わせに限らず、参加者が多いほど、会議・打ち合わせをスムーズに進行させるのは難しくなります。

ただし、参加者を絞りすぎて意思決定に必要なメンバーが欠けていては結論が出せません。だれが必要で、だれが不必要なのかをしっかり見極めましょう。

参加者は多すぎても少なすぎてもダメ

理想的な参加者人数の会議・打ち合わせ

じゃあ、みんなA案に
賛成ということだね
そうだね、
A案でいこう
無駄なく議論を
進めて結論を出
せる

参加者が多すぎると…

じゃあ、A案で
決定でいい?
でもB案も捨
てがたいよね
C案だって実現できれば
かなり効果があると思うよ
意見がまとまらず、
結論を出すまで
に時間がかかる

必要な参加者が欠けていると…

A案でいくとした場合、
準備にどれくらいかかる?
ん〜、それは○○さんに
聞いてみないと……
情報が揃わない
ため正確な結論
が出せなくなる

2-03

上司を呼ぶメリットとデメリット

うるさい上司がいない方がアイデアが出る？

▼呼ばないという選択肢もある

参加メンバーについては、上司などの決定権者を呼ぶか呼ばないかも重要なポイントのひとつです。

決定権者を呼ぶことのメリットは話が早くなることで、その場で最終的な結論を出せます。決定権者を呼ばずに会議・打ち合わせをした場合は、話し合いの結果をあとで伝えることになり、意思決定にかかる手間が増えてしまいます。

基本的に決定権者には会議・打ち合わせに出席してもらうべきでしょう。前述した通り、目的を達成するために必要なメンバーを過不足なく揃えるのが原則です。

ただし、決定権者がいることで他の参加者が萎縮したり、「どうせ最後は上司の意見が採用されるんだろ」という感じになったりして、活発な議論が生まれなくなるケースもよくあります。決定権者を呼ばない方がうまくいく場合もあるので、それぞれの参加者の性格も考慮しながら、ケースバイケースで対応しましょう。

威圧感のある決定権者の影響

決定権者を呼んだ場合のメリット・デメリット

メリット	デメリット
・決定権者の意見が得られる ・その場で決断を下せるので意思決定が早くなる ・緊張感が生まれ、他の参加者の雑談が減る	・参加者の発言が減る場合がある ・決定権者のスケジュールによって会議・打ち合わせの日時が左右される

決定権者がいれば、最短で意思決定できる
基本的には決定権者は参加した方がいい

決定権者を呼ばない場合のメリット・デメリット

メリット	デメリット
・参加者から率直な意見が出やすくなる	・雑談が増えやすい ・意思決定までに時間がかかる

意思決定までの時間は延びるが、参加者が
気をつかいすぎる場合は呼ばないのもアリ

2-04

思い通りの結果を導く「根回し」のコツ

前日の一言が大きく影響する

▼会議・打ち合わせの不安要素をつぶしておこう

重要な会議・打ち合わせの前にぜひ行っておきたいのが「根回し」です。当日の会議・打ち合わせをうまく進めるために、事前にキーパーソンを説得して話をつけておきましょう。

根回しは、キーパーソンを自分の味方につけるだけでなく、ちょっとした不安要素をつぶすためにも役立ちます。たとえば、率先して発言するタイプの参加者がおらず、静かな会議・打ち合わせになってしまいそうな場合、みんなが意見を出しやすい空気を作るために特定のメンバーにアイデア出しの口火をきってもらうように頼んでおく、という感じです。

根回しを行う際は、メールや電話で簡単にすませるのは避けましょう。ささいなニュアンスの取り違えから誤解が生まれ、トラブルにつながるケースがあります。

また、「○○しないでくれ」というようなネガティブな頼みごとは、会議・打ち合わせに対する相手のやる気をそいだり、自己中心的な印象を与えたりする可能性があるので、おすすめできません。

根回しのポイント

メールや電話ですませずになるべく直接会って話す

予算について聞かれたら、
代わりに説明してくれない?
わかった。
任せて
細かいニュアンスまで正確に伝わる

ネガティブな頼みごとはしない

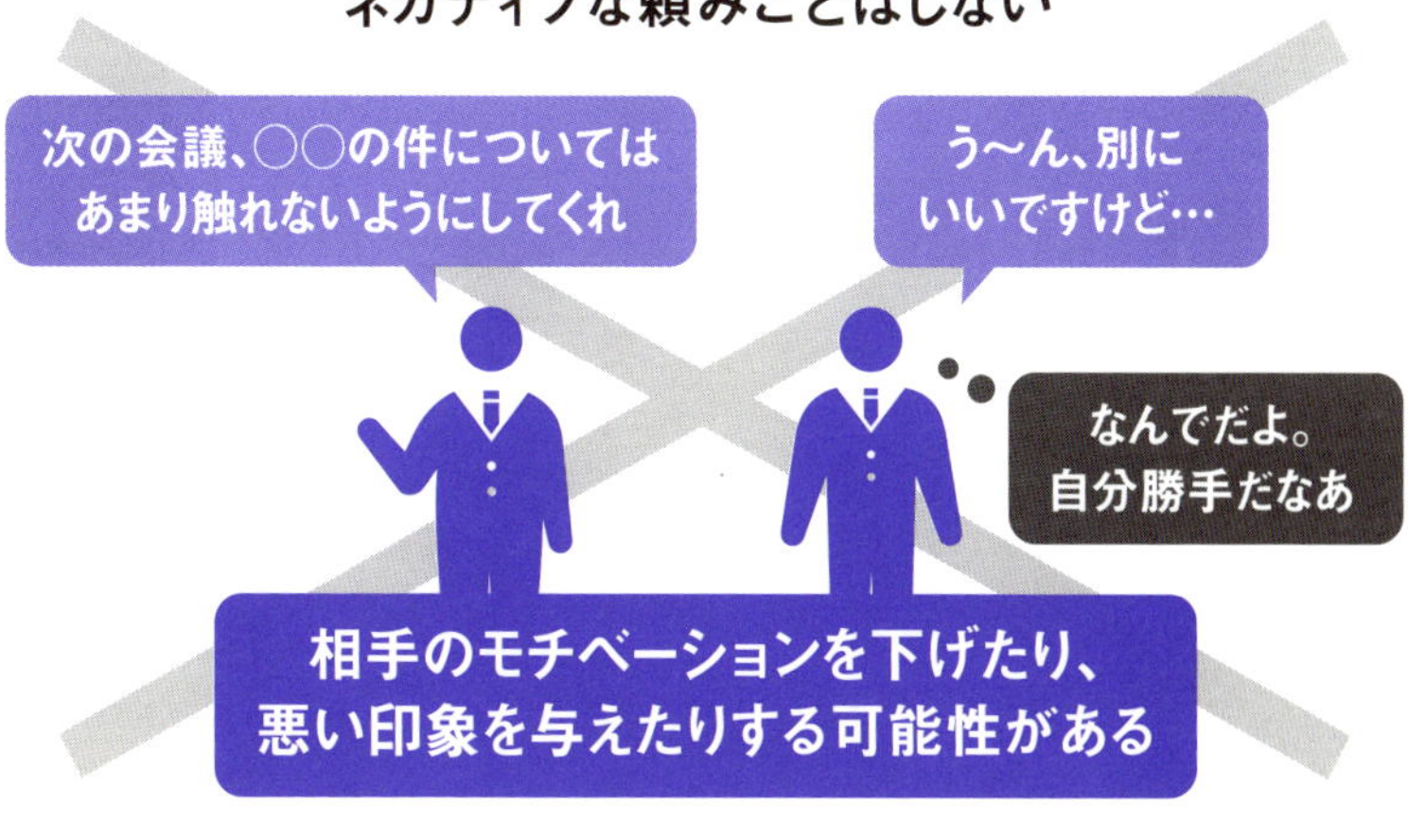
次の会議、○○の件については
あまり触れないようにしてくれ
う〜ん、別に
いいですけど…
なんでだよ。
自分勝手だなあ
相手のモチベーションを下げたり、
悪い印象を与えたりする可能性がある

2-05

企画会議では「実物」を用意しよう

たくさんのアイデアを出させるコツ

▼アイデアが出やすい環境作り

会議・打ち合わせを行う際、ぜひ用意しておきたいものがあります。それは、その会議・打ち合わせのテーマとなる商品やアイテムです。たとえばある商品の企画会議なら、その商品を実際に目の前に置いて話し合うということです。**実物が目の前にあると、その商品が実際に利用されているシーンを具体的にイメージしやすくなります**。その結果、足りないものや、あったら便利な機能などを思いつきやすくなって、参加者の発言が増えるのです。これは企画会議のようなアイデアが重要になる会議・打ち合わせで特に効果があります。

どうしても実物が用意できない場合は、レプリカでも写真でもかまいません。実物のイメージに近い別のアイテムを代用品として用意するのもいいでしょう。

実物を用意せず、頭の中だけであれこれ考えてもなかなかよいアイデアは浮かびません。アイデア交換型会議や打ち合わせの生産性を高めるために、なるべく実物か代用品を用意するようにしましょう。

実物を見ながら考えることの効果

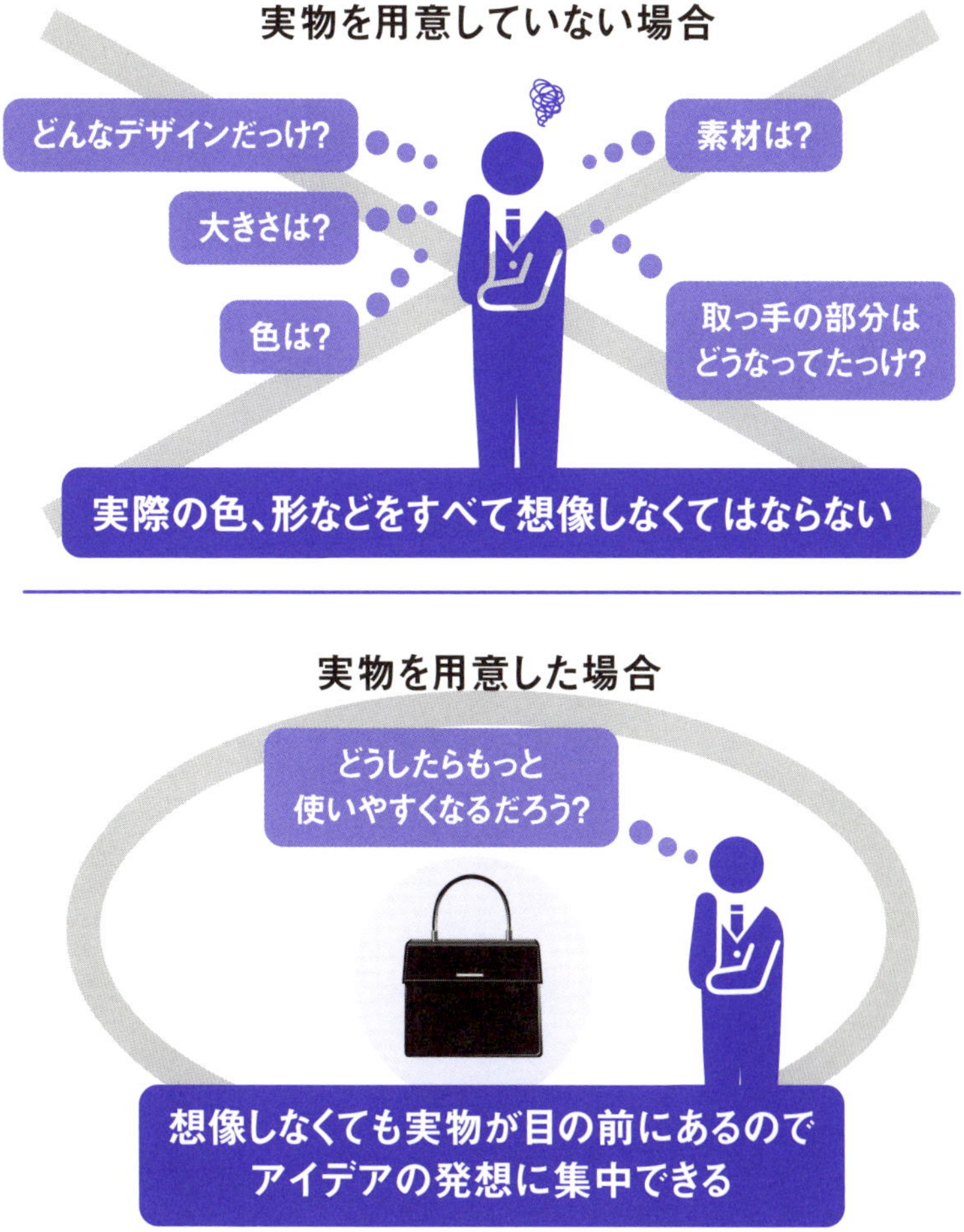
実物を用意していない場合
どんなデザインだっけ?
大きさは?
色は?
素材は?
取っ手の部分は
どうなってたっけ?
実際の色、形などをすべて想像しなくてはならない
実物を用意した場合
どうしたらもっと
使いやすくなるだろう?
想像しなくても実物が目の前にあるので
アイデアの発想に集中できる

2-06

ちょっとしたアイテムで雰囲気が変わる

おやつやドリンクも意外と効果的

▼参加者のテンションを上げるための用意

会議・打ち合わせの雰囲気は、本当にちょっとしたことで変わることがあります。活発な議論を望むなら、参加者のテンションが自然に上がるような工夫を心がけましょう。**一番簡単なのは、おやつとドリンクを用意することです**。子供騙しに思えるかもしれませんが、これが意外と効果的で、場の雰囲気をよくしてくれます。用意するのは近所のコンビニに売っているようなものでかまいませんが、地域限定のお菓子や新発売のドリンクなど、珍しいものならさらにグッドです。「このお菓子、見たことないな。どこに売ってるの?」なんて会話が生まれ、和やかなムードで会議・打ち合わせを始められます。

食べ物が目の前にあると、だれでもポジティブな気分になるものです。そういう意味ではランチミーティングなども非常に効果的でしょう。

食べ物の他には、会議室に花を飾ってみたりするのもいいですし、基本的なことをいえば会議室の掃除や整理整頓も大切です。

おやつやドリンクで参加者のやる気を高める

おやつとドリンクを用意する
参加者の気持ちがポジティブになる
議論が活性化する

シチュエーションを考えて準備しよう

議論が長引きそうな場合 → 甘いお菓子
年配の参加者が多い場合 → 高めの和菓子とお茶
若い参加者が多い場合 → 珍しいスイーツ
小腹がすく時間帯 → 軽食

2-07

デスクのレイアウトを考えよう

デスクの並べ方で会議・打ち合わせの効率が変わる

▼会議・打ち合わせの内容にあわせて席のレイアウトを変える

会議・打ち合わせを行う際はデスクの並べ方にも気を配りたいものです。**デスクの並べ方には「ロの字型」「コの字型」「スクール型」「アイランド型」などのパターンがあり、それぞれ特徴が異なります**。

ロの字型は多くの会議・打ち合わせで使われる最も一般的なレイアウトといえるでしょう。位置関係による差が生じず、対等な話し合いが行えます。コの字型は、ロの字型の一辺が欠けたようなレイアウトです。ホワイトボードやプロジェクターを使う場合によく用いられます。

スクール型は、参加者の視線が同じ方向に向くのが特徴で、コーチング型や報告型の会議・打ち合わせに適しています。参加者同士の議論が主体となる会議・打ち合わせには適していません。アイランド型は、3～6人ぐらいの固まりを複数作るレイアウトで、グループディスカッションを行う場合に最適です。

代表的なレイアウトパターン

ロの字型

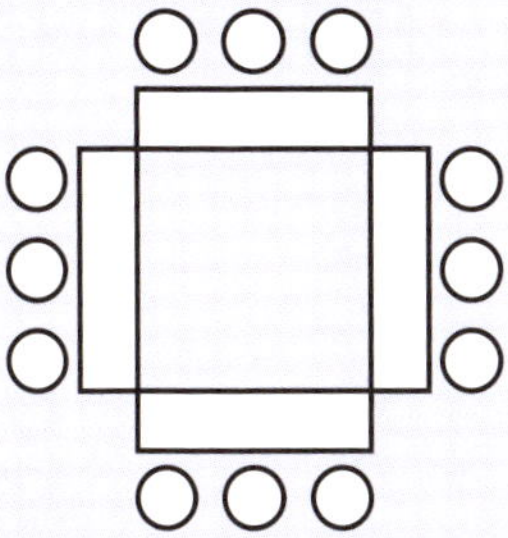

汎用性が高く、さまざまな会議・打ち合わせに対応できる

コの字型

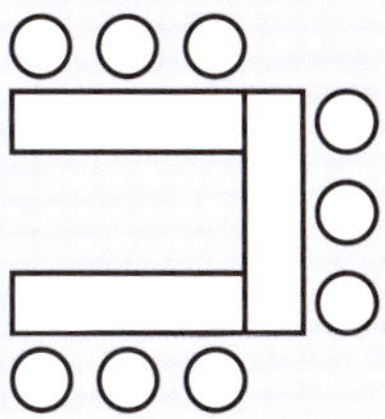

ホワイトボードやプロジェクターを使いやすい

スクール型

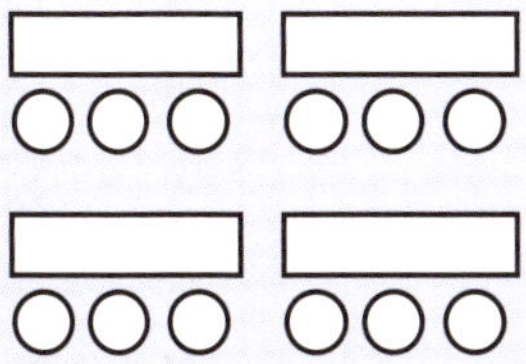

発表者が全体に向けて発言する時間が長い場合に最適

アイランド型

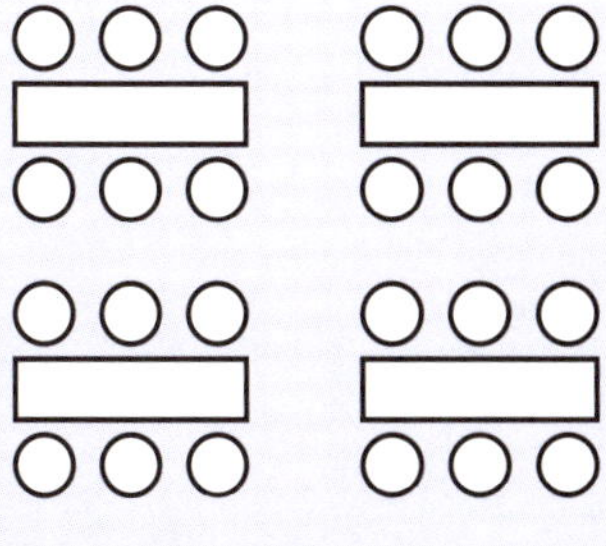

複数のグループにわけて話し合いを行いたいときに便利

2-08

他の参加者と協力しながら準備する

一体感を演出するテクニック

▼会議・打ち合わせの前から参加してもらう

会議・打ち合わせを主催する際、仕事のデキる人ほど、準備をすべて自分ひとりでやってしまいがちです。もちろんそれはそれでかまわないのですが、他の参加者と協力しながら準備を進めた方が、結果としてよい会議・打ち合わせになる場合がよくあります。実は、準備段階からみんなに参加してもらうのは、会議・打ち合わせに対するモチベーションを高める上で有効なテクニックです。**協力して準備すると、みんなの当事者意識が強まるのです。**

会議・打ち合わせの準備を行う際は、ひとりでやる方が楽な場合でも、なるべく他の参加者に協力してもらうことをおすすめします。会議場所の確保や参加者のスケジュール調整など、簡単な要件でもあえて他の参加者に任せると、会議・打ち合わせに対する前向きな姿勢や責任感を持たせることができます。

ただし、会議・打ち合わせの準備に協力してもらう場合は、相手の性格や手の空き具合も考慮しましょう。忙しい個人主義者に雑用を押し付けると反感を買う結果になります。

雑用を頼んだときの反応は相手によって異なる

消極的な参加者

消極的な性格の相手は、会議・打ち合わせの準備段階から協力してもらうことで、当事者意識を高め、積極性を引き出せる

個人主義の参加者

チーム貢献に興味がない個人主義の参加者は、雑用を任せられることを嫌う。準備段階から協力してもらってもあまりやる気に影響しない

協力的な参加者

チームに貢献することに喜びを感じるタイプの参加者は、準備段階から協力してもらうことで、さらにやる気を引き出せる

忙しい参加者

仕事が忙しい参加者に雑用を頼むと、さらに時間を奪ってしまうことになる。モチベーションの低下につながるため避けるべきだ

責任感が強い参加者

責任感の強い人は仕事を任せるときっちりこなしてくれる。反面、何も仕事がないとやる気が低下する場合があるので、ぜひ協力してもらおう

自分より目上の参加者

目上の相手に雑用を頼むのは避けたい。気分を害する可能性がある。準備に協力してもらう場合は、なるべく重要な仕事を任せたい

2-09

自分の意見を伝えるための準備とは？

頭の中の情報を整理する方法

▼どんな質問がきても対応できるように

自分の意見を主張する必要がある会議・打ち合わせでは、まず準備段階で、自分の意見をしっかり固めておかなくてはいけません。自分の意見が合理的か否かを判断するのは意外と難しいもので、自分では完璧だと思っていても、他人がみたら意外とわかりやすい穴があったりするものです。

頭の中の考えを整理し、論理的にチェックするためには、自分の意見やその根拠を中心に、意見を固めるために必要だと思われる要素をノートに書き出してみるのが効果的です。**思考を文字に書き起こしてみると自分の意見を客観的に見直すことができますし、会議・打ち合わせで発言する際のメモとしても役立ちます**。

また、他の参加者に質問・反論された場合の対策を考えておくことも重要です。「こう言われたらこう返す」とシミュレーションして、どういう展開になっても対応できるように準備しておきましょう。

自分の意見を紙に書き出すことのメリット

紙に書き出す過程で、頭の中を整理できる

頭の中が多くの情報で混乱しているときでも、紙に書き出すと簡単に整理できる

自分の意見を客観的に評価できる

自分の主張に穴があった場合にすぐ発見でき、合理性をチェックしやすくなる

資料作成に利用できる

プレゼン資料などを作る場合に、説明の順序や図解を考えるために役立つ

会議の前や会議中に見直すことで、落ち着いて自分の意見を述べられる

緊張する場面でも、言うべきことをまとめたメモがあると落ち着ける

2-10

論理的に意見を伝えるには？

論理的発言を支える3点セット

▼「主張」「根拠」「推論」の3つを揃える

論理的に意見を伝えるためには、「主張」「根拠」「推論」の3つが揃っていることが重要です。「主張」は自分が伝えたい意見、「根拠」と「推論」は「主張」を支える要素です。

たとえば、「社員の給料を上げるべきだ」という主張をする場合、「B社では給料を上げた結果、売上がアップした」という事実が「根拠」で、「我が社の形態はB社と似ているため、給料を上げれば同じ反応が起こるだろう」というのが「推論」にあたります。

説得力のある意見は、「主張」「根拠」「推論」の3要素がしっかりしています。

反対に、根拠が不確かだったり、推論が飛躍していたりすると説得力のない意見になってしまいます。

「主張」「根拠」「推論」の3要素をチェックしながら意見を組み立てていけば、都合のいい憶測をもとに主張を展開するようなことがなくなり、発言の説得力が上がります。また、自分の意見の弱い部分、他の参加者から突っ込まれそうなポイントもよくわかるはずです。

自分の意見を伝える際は「根拠」「推論」が大切

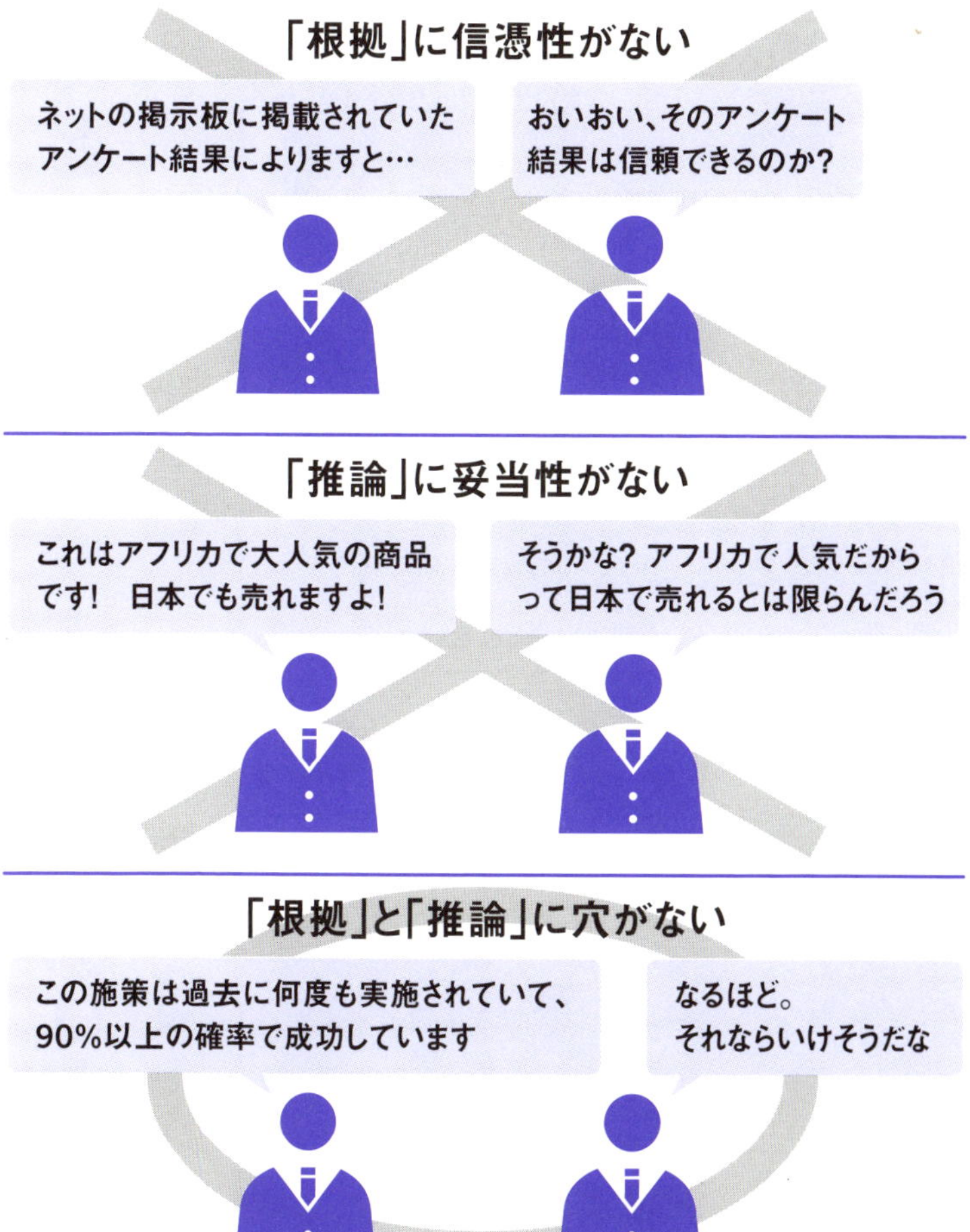
「根拠」に信憑性がない
ネットの掲示板に掲載されていたアンケート結果によりますと…
おいおい、そのアンケート結果は信頼できるのか?
「推論」に妥当性がない
これはアフリカで大人気の商品です!　日本でも売れますよ!
そうかな? アフリカで人気だからって日本で売れるとは限らんだろう
「根拠」と「推論」に穴がない
この施策は過去に何度も実施されていて、90%以上の確率で成功しています
なるほど。それならいけそうだな

2-11

長々と資料を読み上げる時間は無駄

無駄な時間をなくす

▼不要な段取りがないかチェックする

会議・打ち合わせは効率を重視し、無駄な時間が生まれないように気を付けなくてはいけません。**会議・打ち合わせの前に、当日の進行をシミュレーションし、「この会議・打ち合わせの時間を短縮するにはどうしたらいいか？」という視点で、不要な段取りがないかどうかを考えてみましょう**。たとえば、自分の意見の正しさを主張するために、細かなデータが記載された資料を延々と読み上げる人がいます。情報共有が主目的の会議・打ち合わせならば資料読みの時間もある程度は仕方ないかもしれませんが、意思決定型やアイデア交換型の会議・打ち合わせでは、このような時間は極力なくすべきです。

また、プロジェクトに途中参加してきた参加者がいる場合などは、他の参加者との知識のすり合わせに時間がかかることがあります。大勢が集まる会議・打ち合わせで基本的な説明を長々とすることにならないよう、事前に小規模な打ち合わせをして、情報を共有しておくといいでしょう。

会議・打ち合わせ中の無駄な時間をなくすには?

意見の正当性を裏付ける分厚い資料がある

配布資料の3ページ目に
補足データがあります

資料を配布して、口頭では要点だけを述べる

プロジェクトの途中から急に参加したメンバーなど
これまでの経緯や現状の説明が必要な参加者がいる

えっと、どこから
説明したらいいかな?
急に参加することになって、
正直何もわからないんです

事前に小規模な打ち合わせを行い、説明を済ませておく

2-12

参考資料をしっかり揃えておく

データの用意を怠ると正確な議論ができない

▼議論に必要なデータをだれが用意するのか

会議・打ち合わせでは、正確な議論をするために資料が必要になる場合があります。資料がなくても議論自体はできますが、具体的なデータがないとどうしても曖昧な内容になってしまいます。たとえば、売上アップの施策を考える会議では、過去に実施した施策と売上のデータを用意しておくべきでしょう。

会議・打ち合わせが始まってから「先月の売上はどれくらいだっけ？」「えっと、どれくらいでしょう？　○○さんに電話して聞いてみます」なんてやっていては時間の無駄です。**議論に必要な資料をだれが用意するのか、事前に必ず確認しておきましょう。**

会議・打ち合わせ用の資料は、短くまとめるのが基本です。資料を何枚もめくりながら必要な情報を探すような時間は極力なくしたいところです。また、見栄えも大切な要素です。文章の端を揃えたり、文字サイズにメリハリをつけたりと、基本的なポイントはしっかり押さえておきましょう。

資料作成の流れ

① 資料作成の目的を明確にする

たとえば上司を説得する資料なのか、議論に必要なデータをまとめた資料なのかで、資料作りのベクトルが大きく異なる。目的が曖昧だとよい資料は作れない

② 資料の構成を決める

プレゼン資料ならどのような順序で説明するか、補足データをまとめた資料ならどんなデータを入れるのか、全体像をイメージしながら構成要素を考える

③ 資料のラフを手書きする

読み手の気持ちを考えながら、ページのどこにどの要素を配置するかをコピー用紙などにおおまかに書いていく。資料の設計図を作るイメージ

④ パソコンで資料を作成する

手順3で作った手書きのラフをもとに、パソコンを使って資料を作っていく。手順1～3がしっかりできていれば、この段階であれこれ悩むことがなくなる

よい資料にするには?

- A4用紙数枚程度にまとめる
- どうしても枚数が多くなる場合は目次や索引をつける
- 文字は読みやすい大きさに
- フォントやカラーの種類を増やしすぎない
- 必要に応じて見出しを入れる

こんな資料はダメ!

- 量が多い
- 文字が小さい
- 必要な情報がどこにあるかわからない
- 数字が多くて読みづらい
- 体裁に統一感がない

2-13

進行予定表を用意しよう

進行スケジュールを共有する

▼会議・打ち合わせの時間配分を決めておく

大勢が参加して複数の議題について話し合うような会議では、必ず進行予定表を作成しましょう。**作成した進行予定表を参加者に配布し、全員で共有することで会議・打ち合わせがスケジュール通りに進みやすくなります**。進行予定を立てずになりゆきで議論を進めると、議論が間延びしたり、予定時間をオーバーしたりすることが多く、会議・打ち合わせの効率ダウンにつながります。

進行予定表に記載する項目は、開催日時と議題、そして当日の時間配分です。事前に読んでおいてもらいたい資料がある場合など、注意事項があればそれも記載します。また、開始時間とあわせて、終了時間も必ず記載するようにしましょう。

また、進行予定表を配布するタイミングも大事です。会議の当日や何週間も前に渡すのはあまりおすすめできません。参加者が自分の考えを整理して会議に臨めるように、会議の数日前から1週間前くらいに渡すのがベストでしょう。

進行予定表の作成例

会議名　○○○○年○月定例会議
会場　本社第3会議室
開催日時　○○○○年○月○日　15:00〜17:00
出席者　田中、佐藤、鈴木、高橋、伊藤
議題1　CM企画案について
議題2　今後の営業戦略について

進行予定
15:00　開会
15:10　議題1
16:00　議題2
16:30　閉会

事前配布資料　売上データA、B

備考
・会議中は携帯電話の電源を切ってください

必ず終了時間を決めておく

配布資料を記載しておくと配布忘れがあった場合に対応できる

注意事項があれば記載しておく

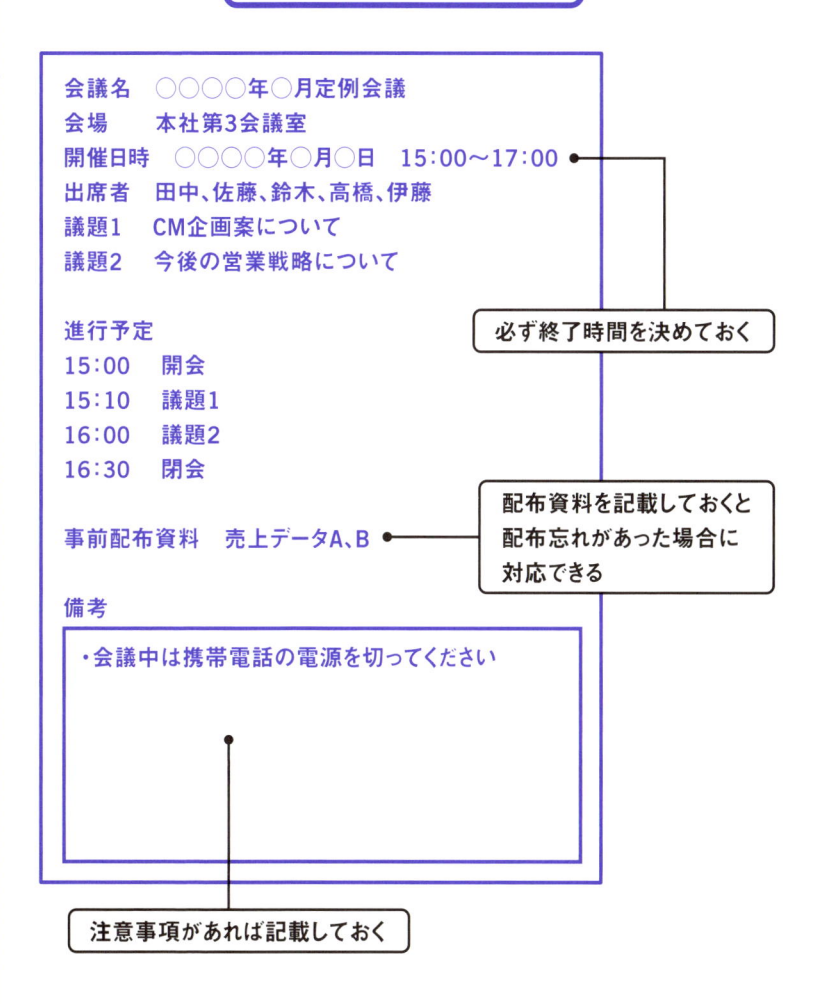

コラム

プロジェクターを使う際の注意点

大きなスクリーンに映像を投影できるプロジェクターは、大勢に情報を伝える際に非常に便利なツールです。会議・打ち合わせの定番ツールのひとつといってもいいでしょう。

プロジェクターは、発表者が参加者に向かって一方的に情報を伝えるような会議・打ち合わせに適しています。スクリーンを上手に使うと、口頭だけの説明よりもずっとわかりやすく、参加者の心に強い印象を残すことができます。

しかし、プロジェクター利用時は室内を暗くすることが多く、参加者がダレやすいという欠点もあります。

プロジェクターを利用しているときに参加者の集中力が欠けてきたと感じたら、途中で質問を振ったり意見を求めたりするといいでしょう。

また、室内が暗い間は、事前配布した資料を読みづらくなるということも頭に入れておいてください。

この他、ケーブルの接続に手間取って準備に時間がかかってしまうというのもよくある失敗パターンです。その会議室でプロジェクターを利用した経験がない場合は、事前に端子類の確認をしておきましょう。

第3章

会議・打ち合わせを スムーズに進行させるには?

3-01

「ファシリテーション」を学ぼう

会議・打ち合わせのサポートスキル

▼ファシリテーションとは？

近年、会議・打ち合わせのサポートスキルとして「ファシリテーション」が大きな注目を集めています。ファシリテーションは集団での話し合いや合意形成を円滑に進めるための技術です。ファシリテーションを行う人のことを「ファシリテーター」と呼びます。

ファシリテーターはいわば会議・打ち合わせのプロであり、中立の立場で会議・打ち合わせの司会進行役をつとめます。

もちろん、ファシリテーターになるには専門的な知識を学ぶ必要がありますが、**ファシリテーションの中には、だれでも簡単に真似できるテクニックもたくさんあります**。

ファシリテーションという言葉に敷居の高さを感じる人もいるかもしれませんが、会議・打ち合わせの効率を上げたいならファシリテーションのノウハウは非常に役立ちます。

本書では、だれにでも役立つテクニックを中心に紹介していくので、ぜひ試してみてください。

ファシリテーションの基本スキル

場のデザインのスキル

会議・打ち合わせに最適な環境を作るスキル。テーマを設定して参加メンバーを選び、議論のやり方を決めるほか、参加者の緊張をほぐし、話しやすい雰囲気を作るのもファシリテーターの仕事

対人関係のスキル

会議・打ち合わせの中で、相手の意見に共感を示したり、適度に質問したりしながら、参加者の意見を引き出すスキル。特定の人しか発言しない、といった事態を避け、まんべんなく意見を聞く

構造化のスキル

参加者から出てきたさまざまな意見の共通点を探してグループ化したり、別の視点から眺めたりして整理し、論点を絞り込むスキル。ホワイトボードと図解を用いて議論を視覚化することが多い

合意形成のスキル

参加者から出てきたさまざまな意見をもとに、全員が納得できる結論を導くためのスキル。一般的に、会議・打ち合わせに参加する人数が多いほど、みんなが納得できる結論を出すのが難しくなる

ファシリテーションのノウハウを学べば会議・打ち合わせの効率が上がる

3-02

「隠れファシリテーション」とは？

ファシリテーションは司会役以外でも使える

▼ファシリテーター的意識を持とう

ファシリテーションは会議・打ち合わせを盛り上げる技術であり、ファシリテーターは基本的に議論には参加しません。そういう意味では、ファシリテーションは司会進行役のためのスキルといえるでしょう。

しかし、司会進行役でなければファシリテーションが行えないかというと、そうではありません。簡単なファシリテーションは、だれにでもできるのです。たとえば参加者の発言を熱心に聞いてさらに話を引き出す、という行為もファシリテーションのひとつですし、何気ない一言が会議・打ち合わせの進行を助ける場合もあります。司会役ではない参加者が行うファシリテーションは、「隠れファシリテーション」などと呼ばれています。

ファシリテーションの考え方は、司会進行役だけでなく、会議・打ち合わせの参加者全員にとって有益です。**会議・打ち合わせの進行に注意を払うファシリテーター的な意識を持っている人が多ければ多いほど、会議・打ち合わせの時間は有意義なものになるのです。**

隠れファシリテーション

じゃあ、
会議始めようか
すいません。最初にテーマの
確認をしてもいいですか？
司会役
隠れファシリテーター
普通の参加者の立場から
スムーズな進行をサポートする

隠れファシリテーションに使えるフレーズ例

- この会議は今どこに向かってるんでしょうか？
- それでは結論はどうなるでしょう？
- そろそろまとめに入りましょうか
- 他に意見はありませんか？
- いったん本題に戻りましょう
- ちょっと休憩しませんか？

3-03

会議・打ち合わせの流れを知ろう

会議・打ち合わせの4ステップ

▼会議・打ち合わせのキモは発散と収束

ファシリテーションのノウハウを有効活用するために、会議・打ち合わせの基本的な流れを知っておく必要があるでしょう。一般的な会議・打ち合わせの行程は、

①開始段階(オープニング)…会議・打ち合わせが始まる
②発散…参加者が意見を出し合う
③収束…意見をまとめ、結論を出す
④終了段階(クロージング)…会議・打ち合わせが終わる

の4段階に分類でき、発散と収束を繰り返しながら物事が決まっていきます。

会議・打ち合わせの核は発散と収束であり、この2つのステップをいかに充実させられるかで会議・打ち合わせの成果が決まるといってもいいでしょう。会議・打ち合わせの種類によっては、発散や収束のステップがないケースもあるでしょうが、意思決定型会議・打ち合わせはほぼすべて発散と収束のステップを踏みます。

会議・打ち合わせの流れ

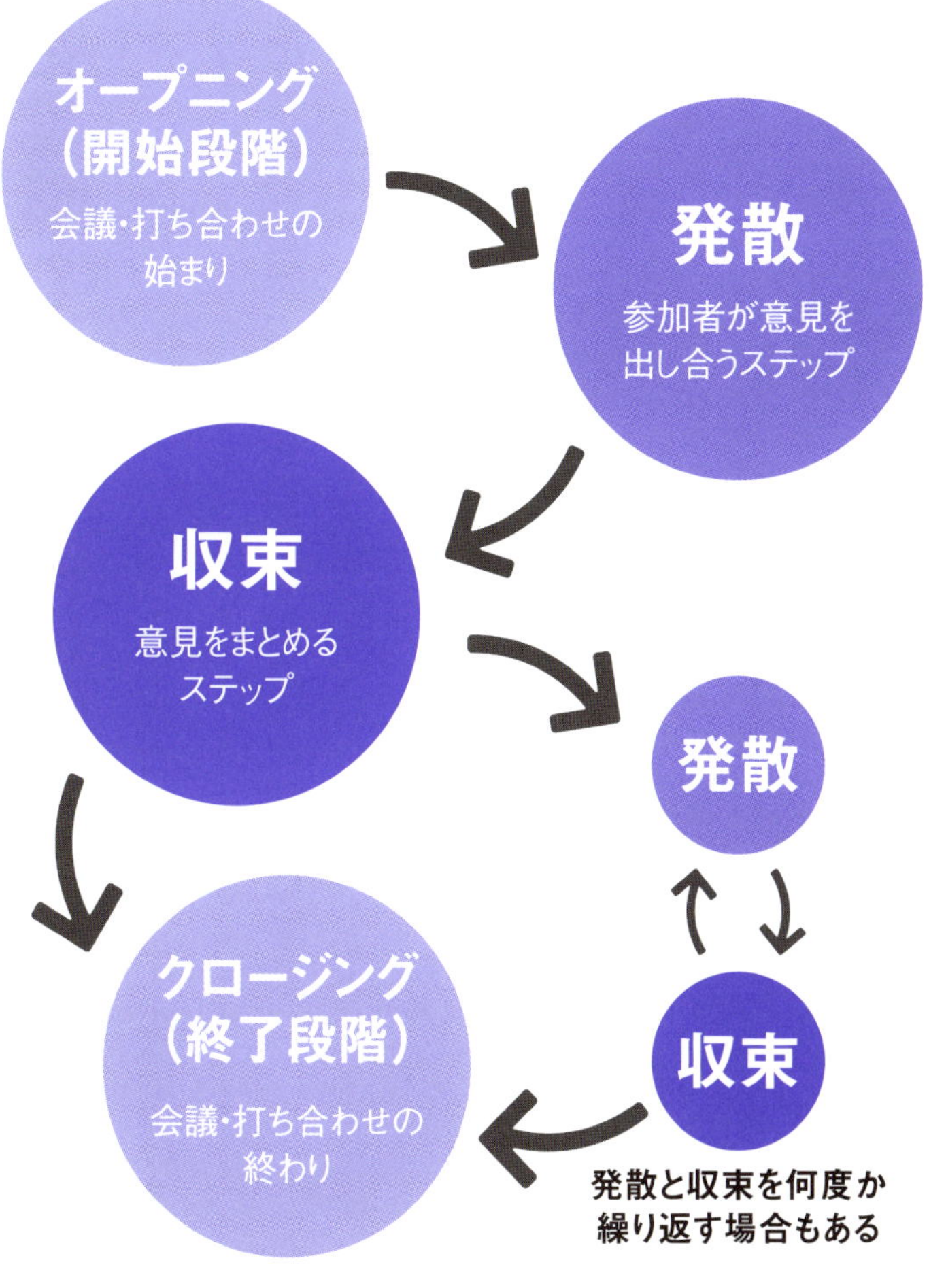
オープニング
（開始段階）
会議・打ち合わせの
始まり
発散
参加者が意見を
出し合うステップ
収束
意見をまとめる
ステップ
発散
収束
クロージング
（終了段階）
会議・打ち合わせの
終わり
発散と収束を何度か
繰り返す場合もある

3-04

開始段階ではまず目的を確認する

参加者の意識をゴールに向ける

▼最初に「何のための会議・打ち合わせなのか」を明確にする

会議・打ち合わせの開始段階では、参加者全員がその会議・打ち合わせの目的を具体的に理解できているかどうかを確認することが大事です。

会議・打ち合わせに参加する際、漠然とした議題だけはわかっているものの、どういう話し合いを行うのか、何を決めることが目的なのか実はよくわかっていない、というケースは意外と多いものです。

そういう場合でも、会議・打ち合わせが進んでいくうちに「ああ、そういうことね」とテーマがわかって、本題に沿った議論ができるようになるものですが、**質の高い会議・打ち合わせを目指すなら、参加者の目的意識が曖昧なまま議論を始めるべきではありません**。

開始段階で、会議・打ち合わせの目的が具体的につかめていない場合、もしくはそういった参加者が自分以外にいると感じた場合は、「今日は、○○を決めるために話し合うんですよね」という感じで、最初にしっかり確認しておくといいでしょう。

会議・打ち合わせの目的

会議・打ち合わせの目的を全員がわかっていれば…

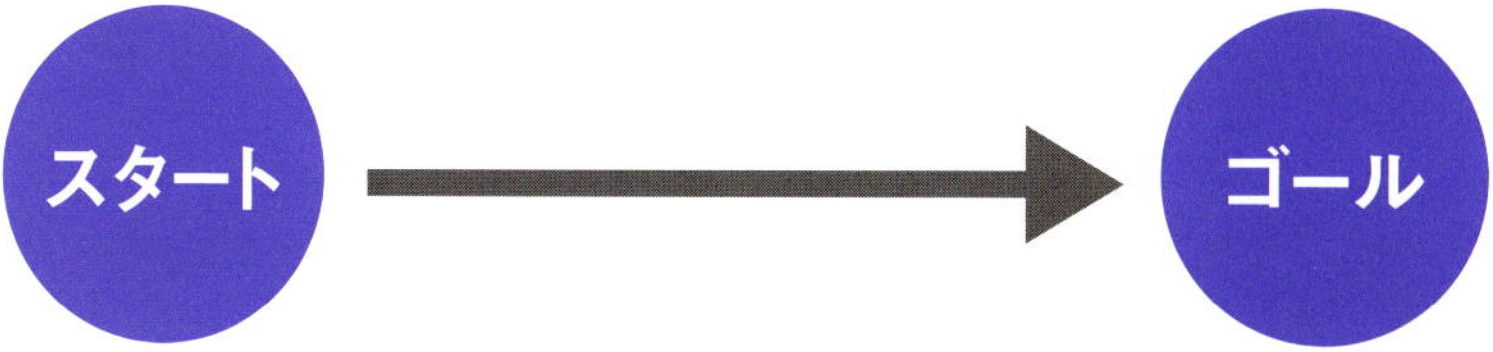

最短の議論でゴールに向かうことができる

会議・打ち合わせの目的をわかっていない人がいると…

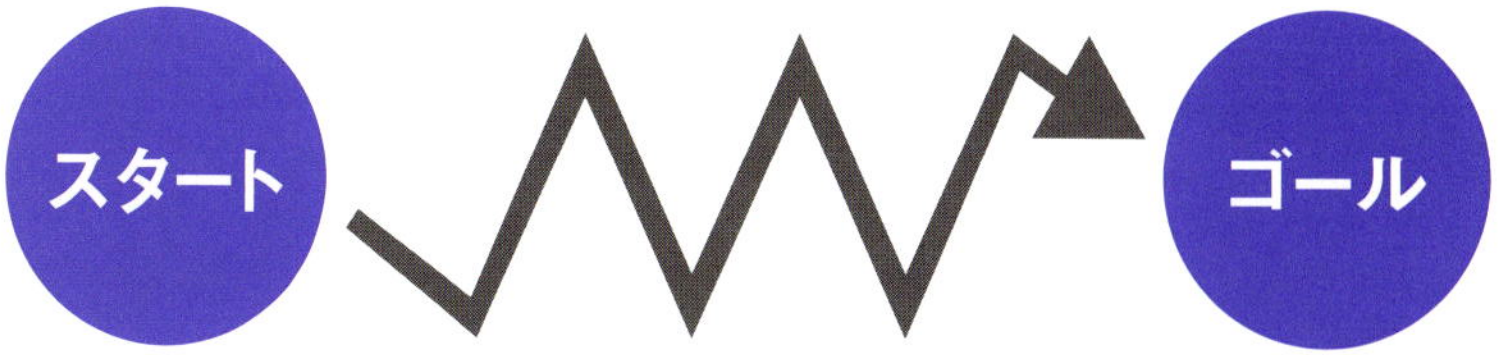

無駄な議論が発生し、ゴールまで時間がかかる

3-05

簡単なルールを作るだけで効率が上がる

グランドルールの設定

▼ルールを提示して参加者の意識を高める

会議・打ち合わせの開始段階でファシリテーターがよく使うテクニックとして、「グランドルール」があります。グランドルールはその会議・打ち合わせにおいて参加者全員が守らなければいけない基本ルールのことです。

「携帯電話の電源は切っておく」「発言するときは結論から述べる」「ネガティブな発言は控え、建設的な発言を心がける」など、**当たり前に思えるような事柄でも、基本ルールとして最初に提示することで参加者の意識が高まり、会議・打ち合わせの効率アップにつながります**。

グランドルールの内容はさまざまです。たとえば、おしゃべり好きな上司が参加する場合は、「参加者は本題の議論に集中すること」。議論が横道にそれた場合はお互いに指摘する」というルールを決めておけば、上司が長話を始めた際に、部下が指摘しやすくなります。参加者の反感を買わない範囲で、効果的なグランドルールを設定しましょう。

グランドルールの効果

ルールを明示することで効率が上がる

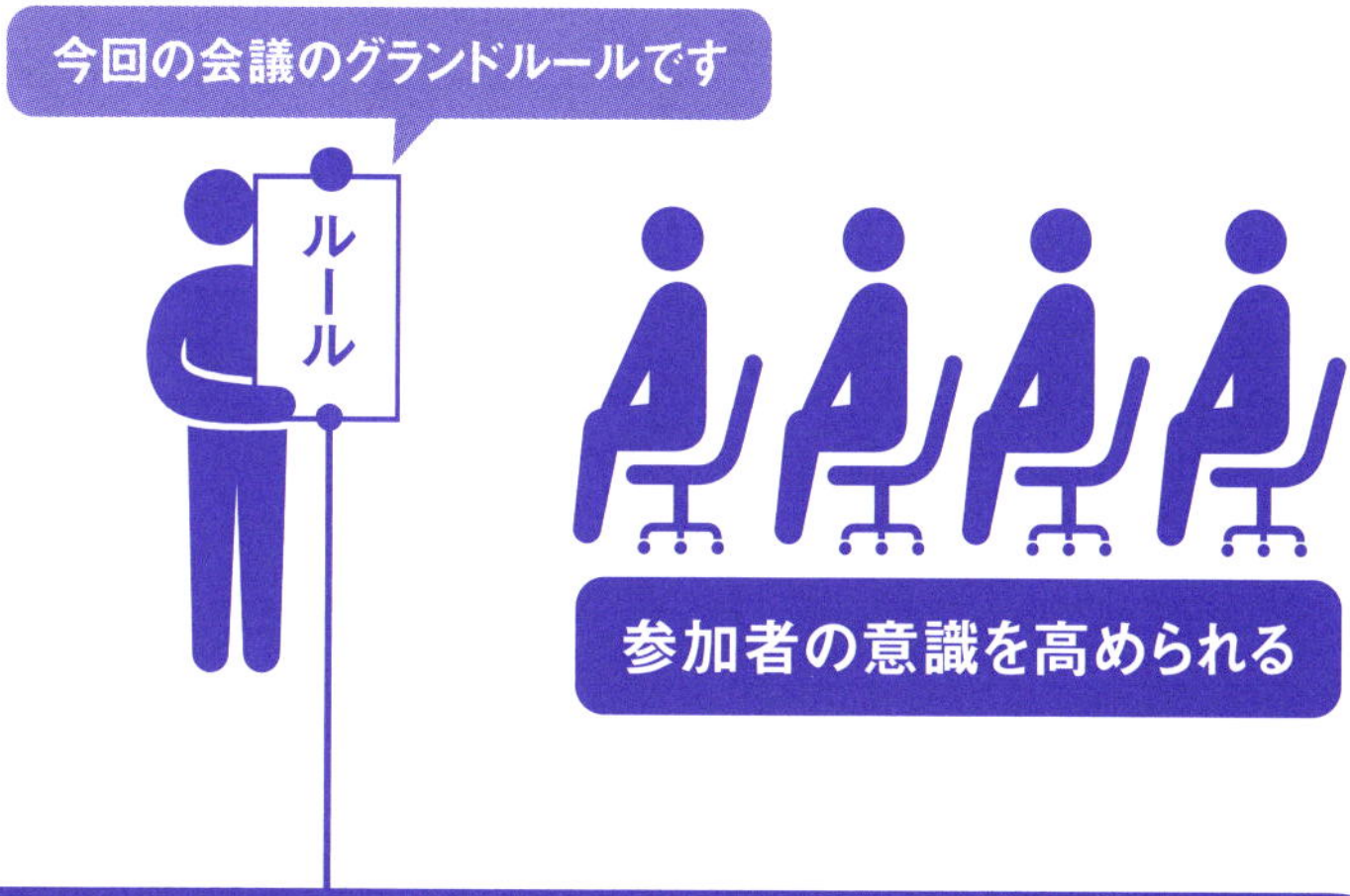
今回の会議のグランドルールです
ルール
参加者の意識を高められる

グランドルールの例

- 否定的な発言をしない
- 発言は1回3分以内でまとめる
- 意見を否定するときは代案を言う
- 時間厳守、私語厳禁
- 会議中はなるべく席を離れない
- 地位や肩書きを忘れる
- 1人3回以上発言する
- 結論から述べる
- 思い込みを捨てる
- 議論を楽しむ

3-06

発言しやすい雰囲気を作るには？

最初にアイスブレイクを行う

▼議論を始める前のウォーミングアップ

会議・打ち合わせの開始段階では、話しやすい雰囲気を作りたいところです。いつものメンバーなら何もしなくても気兼ねなく議論できると思いますが、初めて顔をあわせる参加者が多い場合は、緊張から話が弾まないことがよくあります。特にアイデア交換型の会議・打ち合わせでは、気軽に発言できる雰囲気があるかどうかで、出てくるアイデアの量が変わってきます。

参加者が必要以上に緊張していると感じたら、本題に入る前に「アイスブレイク」を行いましょう。アイスブレイクは、ピリッとしたアイスのような空気を壊し、自由な話し合いにつなげるためのテクニックです。アイスブレイクには、参加者みんなでゲームや作業を行うなど、いろんな方法がありますが、**簡単なのは、自己紹介を一工夫する方法です**。たとえば「みなさんの人柄がよりわかりやすくなるように、自己紹介をするときに最近経験した面白い出来事をひとつ話してもらえませんか？」などと提案してみるのです。

アイスブレイクの効果

アイスブレイクとは?	自己紹介を工夫したり、レクリエーションを行ったりして参加者の緊張をほぐし、生産性の高い議論につなげるテクニック

アイスブレイクで緊張をほぐすことで…

はじめまして、田中と申します。

先日こんな面白い出来事がありました(笑)

ちょっと変な意見かもしれないけど商品Aと商品Bを合体させちゃうっていうのはどうだろう?

面白いじゃん、そのアイデア! あ、商品Cもくっつけちゃえばもっといいかも!

より多くの発言を引き出せる

3-07

発散の段階では聞き上手になろう

意見の評価は次の段階で行う

▼より多くの意見を集める

会議・打ち合わせがスタートして発散段階に入ったら、他の参加者の意見を引き出すことを意識しましょう。**発散段階ではとにかく多くの意見を集めることが肝心です**。自分の意見を述べるのも大事ですが、それだけでなく、全体の流れにも注意しなくてはいけません。自分の考えを主張することばかりにとらわれて他人の発言時間を奪ってしまう、というような事態は避けるべきです。

発散段階では、他の参加者の意見を批判せず、どんなアイデアにも真剣に耳を傾けましょう。それによって発言しやすい雰囲気が生まれ、さらに多くの意見が出てくるようになります。この段階では意見の内容より数を重視した方が、最終的によりよい結論にたどり着けるのです。

他の参加者の意見に対する評価や反論は、すべての意見が出揃って、収束段階に入ってから行います。

発散の大きさが結論の質に影響する
発散段階で十分に意見を引き出すと…
発散
質の高い結論
結論の質が高くなる
聞き上手になることで発散を大きくできる
発散段階で十分に意見を引き出せないと…
発散
質の低い結論
結論の質が低くなる
自分ばかりしゃべりすぎると発散が小さくなる

3-08

アイデア出しに効くスパイス

くだらない意見もときには大事

▼あえてくだらない発言をするのもアリ

ちょっと想像してみてください。あなたは今、新企画のアイデアを考える会議に参加しています。みんながいろいろな案を出す中で、あなたの後輩社員が「こういうのはどうですか?」と、予算的にも技術的にも明らかに実現不可能な突飛なアイデアを発表しました。

こういう場合、あなたはどう感じるでしょうか。多くの人は後輩のアイデアを無意味なものだと思うのではないでしょうか。

しかし発散段階では、こういったくだらないアイデアにも価値があります。**実現不可能なバカげたアイデアだとしても、他の参加者の発想を広げてくれる可能性がありますし、次の発言のハードルも下がります**。くだらない意見がどんどん出てくる会議・打ち合わせの方が、面白いアイデアが生まれるものなのです。

会議室が堅苦しい雰囲気に包まれ、参加者からなかなかアイデアが出てこない場合は、あえて自分がくだらないアイデアを発表してみるのもひとつの手でしょう。

発散段階における突飛な意見への対応

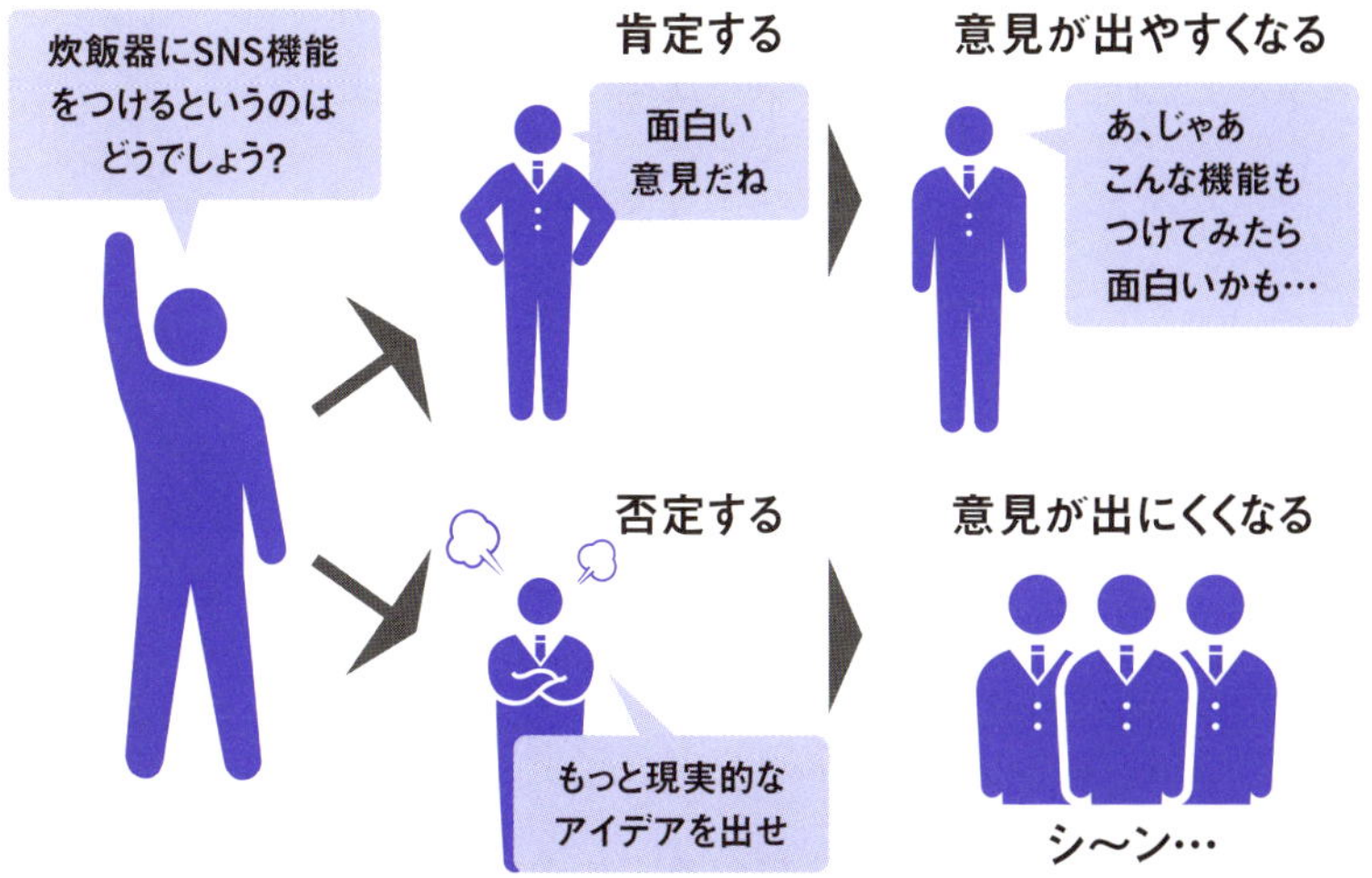

突飛な意見に対する肯定フレーズ例

- ユニークな意見だね
- ちょっと非現実的だけどすごくいい発想だよね
- いいね！そういう意見もっとちょうだい
- 面白いアイデアだ
- お、いいじゃん
- 君らしい意見だね

3-09
相手の意見を引き出すテクニックとは？
聞き上手になる方法

▼「うなずき」と「あいづち」で発言を肯定する

発散段階では聞き上手になるべきだといいましたが、具体的にはどうすればいいのでしょうか。

聞き上手の基本は「相手の話を真剣に聞く」ということです。適当に話を聞いている相手に対して、熱心にしゃべってくれる人はいません。相手が真剣に聞いてくれているからこそ、「もっと話したい」という気持ちが話し手に生まれるのです。**つまり「私はあなたの話を真剣に聞いていますよ」ということが相手に伝われば、自然と話が引き出せるのです。**

聞き上手になるために最初にマスターしたいテクニックは、「うなずき」と「あいづち」です。聞き上手の人は、例外なくうなずきやあいづちが上手です。

話を聞きながら、いいタイミングでうなずいたり、あいづちをうったりする。たったこれだけですが、ただ黙って話を聞いている場合と比べると印象が全然違います。うなずき上手、あいづち上手になることが、聞き上手になるための第一歩です。

話を引き出すあいづちのパターン

▼クローズドクエスチョンとオープンクエスチョンを使い分ける

ファシリテーターが仕切る会議・打ち合わせに参加すると、質問のうまさに感心させられます。会議の進行や全体の状況を見ながら、巧みな質問で参加者の発言をどんどん引き出すテクニックはぜひ真似したいものです。

質問の仕方は、クローズドクエスチョンとオープンクエスチョンの2種類にわけられます。クローズドクエスチョンは回答が「イエス」「ノー」の2択になるような質問方法です。たとえば「この意見に賛成ですか？」というような質問がクローズドクエスチョンです。一方、オープンクエスチョンは「この企画についてどう思いますか？」といったように、回答する側が自由な形で答えられる質問方法を指します。

相手の話を引き出したい、さらに深く聞きたいときには、オープンクエスチョンが有効です。「なぜそう思うのですか？」「そのアイデアを実現させる上で一番の障害は何だと思いますか？」といったように、**「なぜ」「なに」を意識してオープンクエスチョンを行えば、相手の話がどんどん広がっていきます**。

また、クローズドクエスチョンは話のテーマを絞り込む際に使うと便利です。あまりにも話が広がりすぎて漠然とした議論になってきたと感じたら、「つまり、Aさんは現在の営業方法に問題があると思われるわけですね？」といった形の質問で、話題の範囲を狭めて深い議論につなげましょう。

クローズドクエスチョンとオープンクエスチョン

クローズドクエスチョン

「イエス」「ノー」のように回答の選択肢が限定されている質問

つまり、営業戦略に問題があるということですよね?

うん、そうだね。営業戦略の話をしよう

話題を特定し、議論を絞り込むことができる

オープンクエスチョン

回答の選択肢が限定されず、自由な形で答えられる質問

営業戦略をどのように改善したらいいと思いますか?

私としてはもっと大胆な施策が必要だと思うんだ

話を広げ、相手の意見を引き出すことができる

3-10

嫌味のない反論の方法を学ぼう

反対意見を言うときの注意点

▼肯定と否定をワンセットで使う

発散段階では他の参加者の発言をなるべく肯定するのが基本ですが、ときには反論したり、疑問を呈したりすることも議論を活性化させるために必要です。

だれかの意見に対して否定的な意見を述べるときは、できるだけ攻撃的な印象を与えないようにすべきです。特に、他の参加者がみんな自分の部下である場合など、参加者の中で自分の立場が強いケースだと、言い方をちょっと間違えただけで参加者を萎縮させてしまい、発言しにくいムードを作ってしまう恐れがあります。

否定的な意見を述べる際のコツは肯定から入ることです。「なるほど。たしかにそれはいい意見だね。でも……」という感じで、前置きで相手の意見を肯定してから否定的な発言をすれば、全体として悪い印象を与えにくくなります。

ギスギスした会議・打ち合わせから素晴らしいアイデアはなかなか生まれません。不用意な発言で発言しやすい雰囲気を壊さないように注意しましょう。

相手の意見を否定した際の印象

率直に否定する	肯定した後に否定する
否定の意をストレートに伝えることができる。相手は否定された印象を強く受けるため、その後の発言が消極的になる可能性がある	最初に肯定しているので、全体として否定した印象が弱まる。相手を傷つけたり自信を失わせたりせずに、考え方を軌道修正させることができる

商品Aの価格を下げるべきだと思うんですよね
いや、それはダメでしょ。状況を悪化させるだけだよ

商品Aの価格を下げるべきだと思うんですよね
なるほど、それも手だね。でも、できれば避けたいよね

なるべく否定の印象を与えない方が、相手から多くの発言を引き出せる

3-11

感情的な意見は上手に受け流そう

無意味な衝突を避けるためには？

▼感情的な相手と正面から向き合わない

議論が白熱してくると、他の参加者から感情的な批判をぶつけられる場合があります。そういうときはどう対応すべきでしょうか。たとえば会議・打ち合わせの途中で「おいお前、真面目に考えてるのか？　さっきからレベルの低い話ばかりしやがって。時間の無駄だよ」と言われた場合、あなたならどうしますか？

ムッとして「少なくともあなたよりは真面目に考えてますよ」などと応戦してしまうと、相手がさらにヒートアップして、場の雰囲気が悪くなってしまいます。感情的な意見に感情で対抗してはいけません。また、論理的に反論しても、相手の感情を逆なでする可能性があります。

こういうときは、**軽く受け流しながら「Bさんはどう思いますか？」という感じで他の人に話を振るのがベストでしょう**。第三者のBさんに間に入ってもらえば、無益な言い争いで会議・打ち合わせの時間を消費せずにすみます。

感情的な意見への対処法

感情的に反論する

お前の企画
面白くないよ
は? これは絶対
面白いよ!
Aさん
Bさん
時間を無駄にして、場の空気も悪くする最悪の対応

論理的に反論する

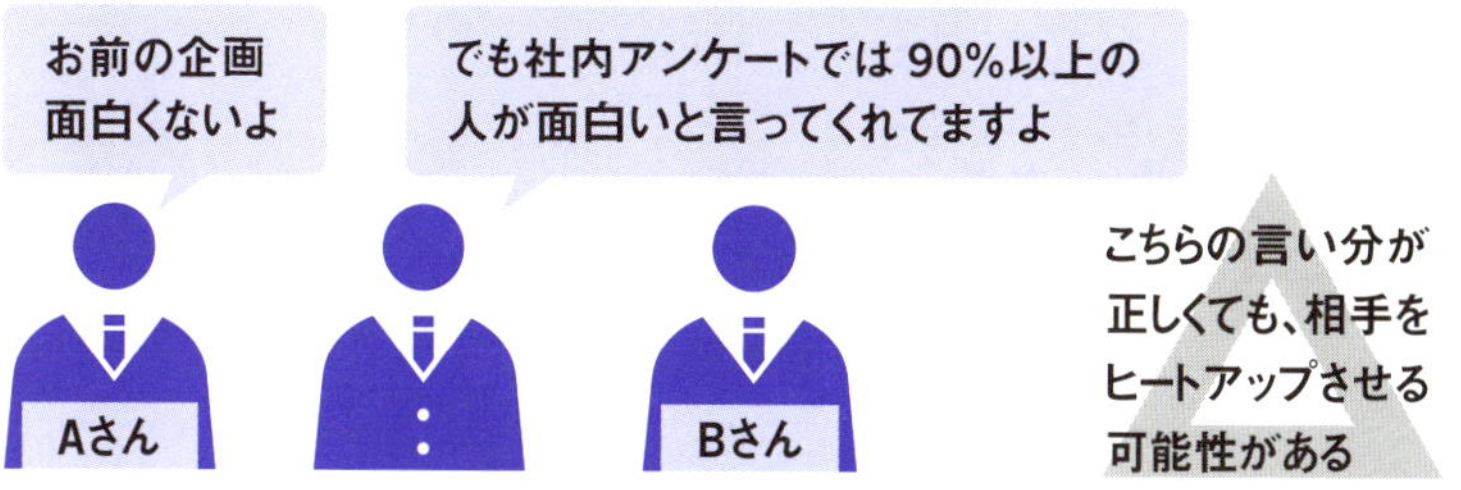
お前の企画
面白くないよ
でも社内アンケートでは 90%以上の
人が面白いと言ってくれてますよ
Aさん
Bさん
こちらの言い分が正しくても、相手をヒートアップさせる可能性がある

他の参加者に話を振る

お前の企画
面白くないよ
A さんはこういうふうに言ってるけど
B さんはどう思いますか?
Aさん
Bさん
他の人に話を振ることで相手との対立を避けられる

3-12

収束に移る際は参加者の意識を揃える

なんとなく収束に移るのはダメ

▼発散と収束では頭の使い方が異なる

発散段階で参加者からの意見が出揃ったら、意見をまとめ、結論を導く作業に入ります。収束の段階です。

収束段階で最も注意したいポイントは、発散段階から収束段階に移行したことを参加者全員が理解しているかどうかです。

アイデアを出し合う発散段階では創造的な思考が重要ですが、収束段階では情報を整理・評価する論理的な思考が大事です。頭の使い方が変わってくるので、発散モードのまま収束に移ると話がまとまりません。なんとなくの流れで議論が発散から収束に切り替わり、その流れに気づいていない参加者がいる場合には、だれかが「では、そろそろ議論のまとめに入りましょう」などとリードして参加者の意識を揃える必要があります。

収束からもう一度発散に戻る場合も同じです。「じゃあ次は○○についてアイデアを出し合おう」と議論の流れをひっぱる人がいた方が、話し合いがスムーズに進みます。

発散から収束に移ったことをしっかり伝えよう

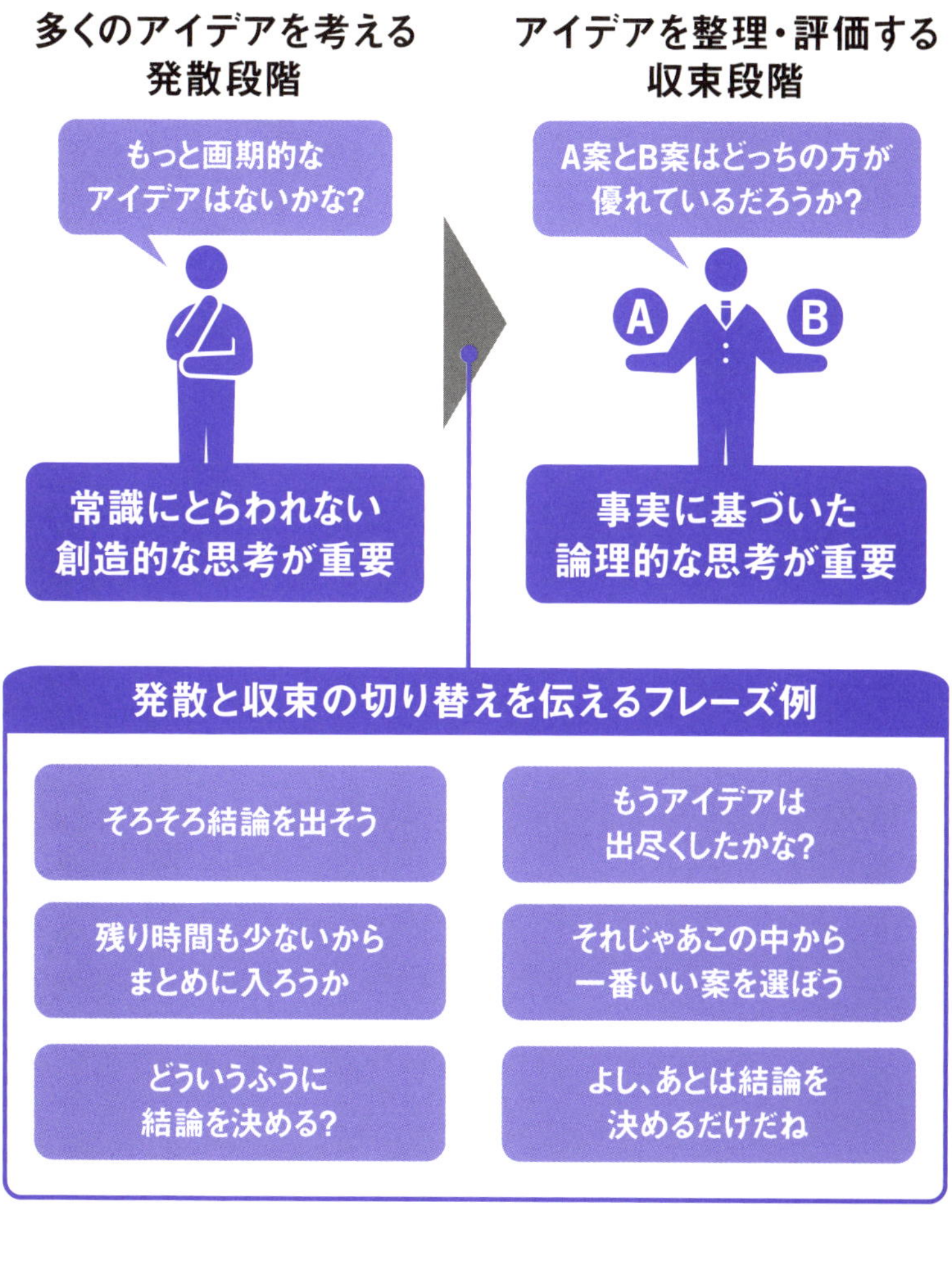
多くのアイデアを考える
発散段階
もっと画期的なアイデアはないかな?
常識にとらわれない
創造的な思考が重要
アイデアを整理・評価する
収束段階
A案とB案はどっちの方が優れているだろうか?
A
B
事実に基づいた
論理的な思考が重要
発散と収束の切り替えを伝えるフレーズ例
そろそろ結論を出そう
もうアイデアは出尽くしたかな?
残り時間も少ないからまとめに入ろうか
それじゃあこの中から一番いい案を選ぼう
どういうふうに結論を決める?
よし、あとは結論を決めるだけだね

3-13

大枠を決めてから細部をつめる

議論の順序を間違えないように

▼議論の順番を意識する

何かを決めるときには、話し合う順番を意識しなくてはいけません。**大枠を決めてから細部をつめるというのが基本です**。たとえば企画会議で6つの企画案が出て、最終的にどの案を採用するかを話し合っていると仮定しましょう。そのときに、「仮に企画案1でいくとなった場合、よい会場を用意できるかどうかがポイントだよね」という意見が出て、そこから「企画案1にはどんな会場が適しているか」についての議論が始まる……というようなケースがしばしば見られますが、これはいけません。

会場についての議論は、大枠である企画が決まったあとで行うべきです。理想の会場についていくら話し合ったところで、企画案1以外を採用した場合は意味がなくなってしまいます。

みんなが話し合いに熱中して「大枠から決める」という基本ルールを忘れている場合は、「それはあとで話し合うとして、まずは大枠を決めちゃおうよ」と軌道修正してください。

家の引っ越しに例えると…

引っ越し先を決めてから新しい家具を揃えるのが正しい順序

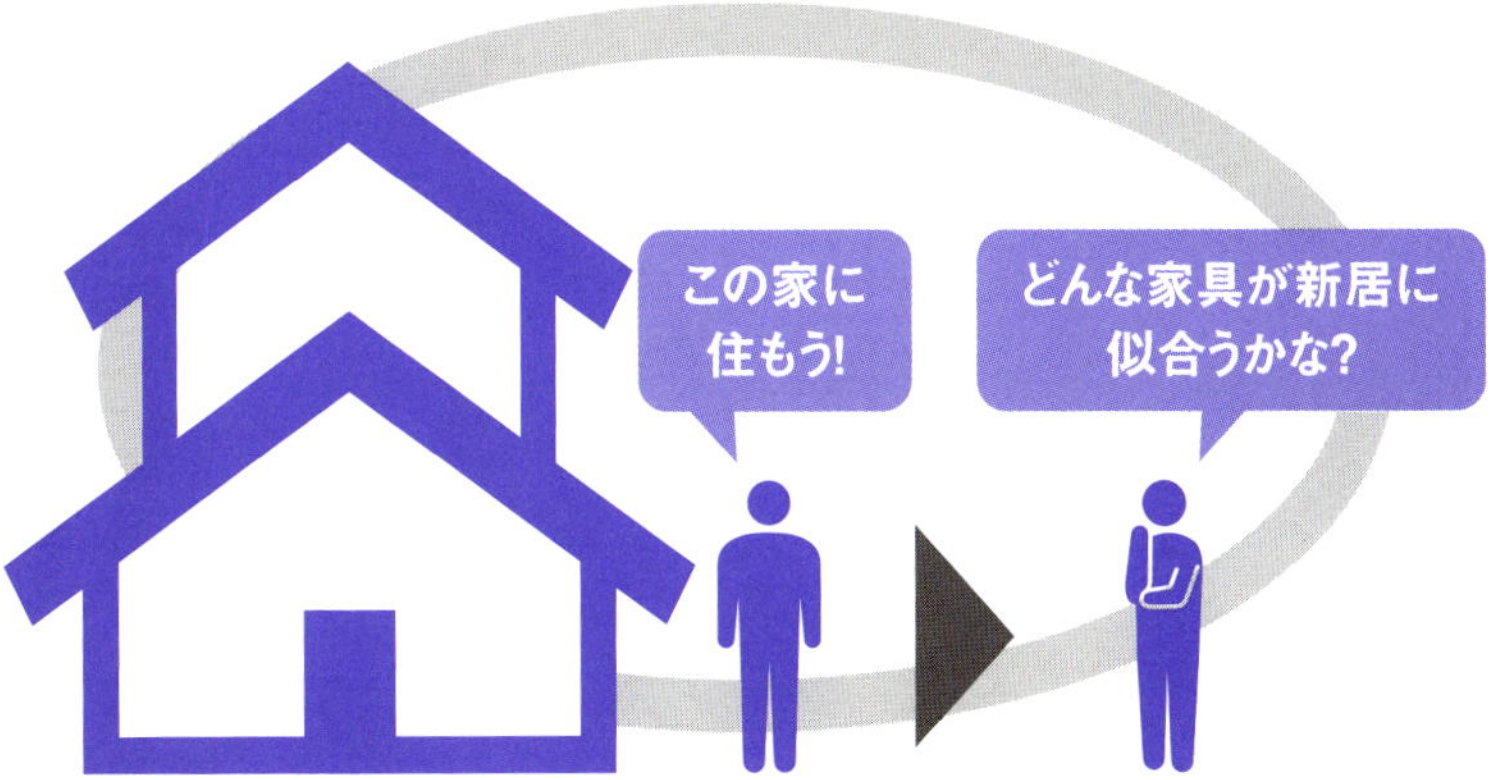
この家に
住もう!
どんな家具が新居に
似合うかな?

引っ越し先を決める前に新しい家具を揃えると…

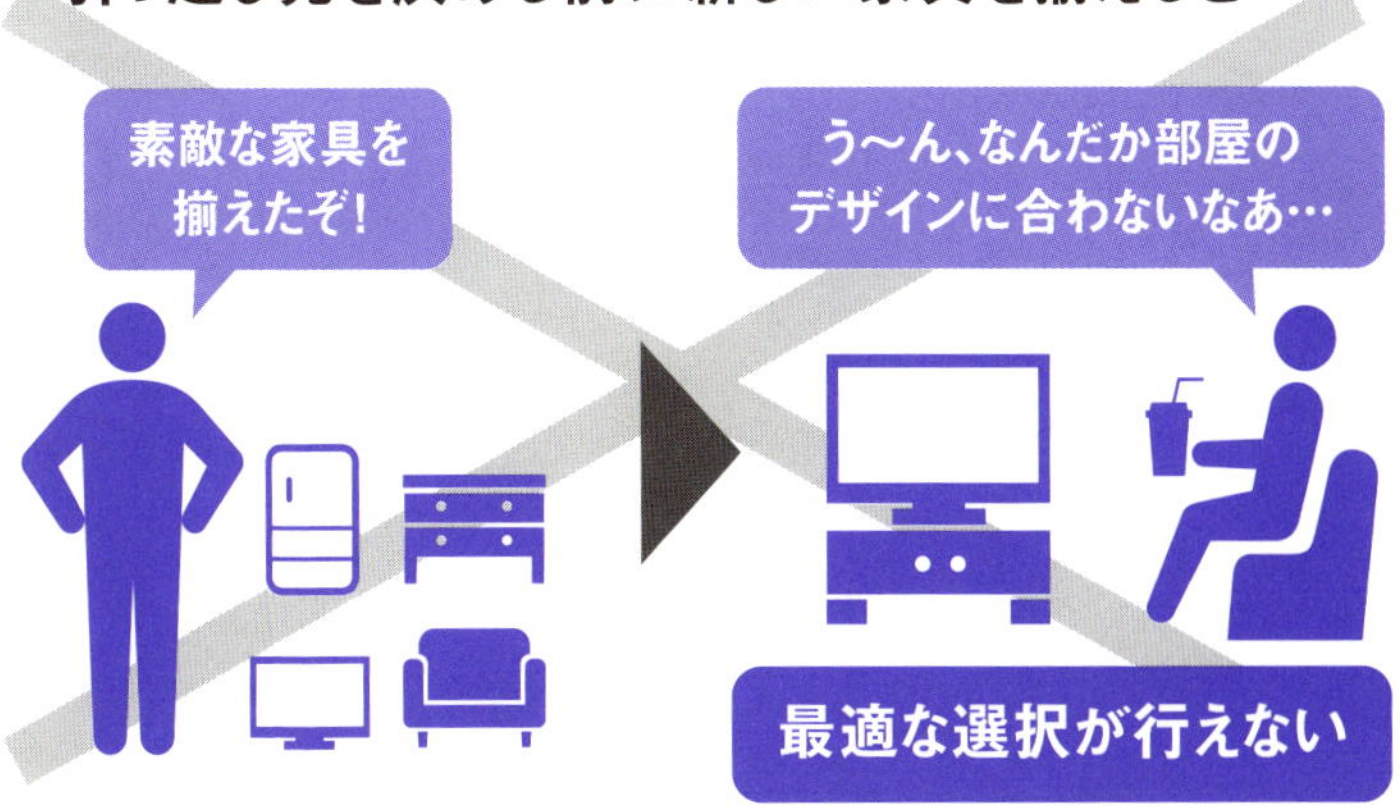
素敵な家具を
揃えたぞ!
う〜ん、なんだか部屋の
デザインに合わないなあ…
最適な選択が行えない

3-14

全員が納得できる結論を目指そう

ファシリテーションの基本

▼納得できる結論は実行に移される

ファシリテーションの基本は、参加者の話を引き出すことと、出てきたたくさんの意見をまとめることです。そのためにさまざまなテクニックを駆使するわけです。

また、ファシリテーションでは、全員が納得できる形で結論を出すことが重要視されます。**参加者の納得の上で決まった事柄は、会議・打ち合わせのあと、きちんと実行されるからです**。逆に参加者が「勝手に決まったこと」という気持ちを持っていると、会議・打ち合わせで決定した仕事が実行に移されにくくなってしまいます。

決まったことがきちんと実行されてこそ、会議・打ち合わせの意味があります。会議・打ち合わせの進行の中で、自分がベストだと考える結論にすんなり決まりそうな場合でも、それまでほとんど発言していない参加者がいたら、「○○さんはどう思いますか？」と話を振ってみましょう。思わぬ反論が出てくる可能性もありますが、会議・打ち合わせが終わったあとのことまで考えると全員の意見をしっかり聞くことが大事です。

納得できる結論を出すことの重要性

参加者が結論に納得していない場合

あ、Aさん。ゴミ出し係になったんだって？
そんな係は必要ないって言ったのに決まっちゃったんだ。まあ、やらないけど
会議・打ち合わせで決まった約束事が守られない

参加者が結論に納得している場合

あ、Aさん。ゴミ出し係になったんだって？
そうそう。面倒くさいけど、必要な仕事だからがんばるよ
会議・打ち合わせで決まった約束事が守られる

納得できる結論を出すためのポイント

・全員に発言の機会を与える
・全員の意見を公平に評価する
・少数派の意見を軽視しない
・結論を多数決で決めない
・終了時、結論に異議がないかを確認する
・新しい仕事の担当者決めは適性を考慮して判断する

3-15 アイデアが絞り込めないときは？

メリット・デメリット法をマスターする

▼それぞれのいい点と悪い点を整理する

甲乙つけがたい案がいくつも出て、なかなかひとつに絞り込めない……という事態は多くの人が経験したことがあると思います。そういうときは、それぞれの案のよい点と悪い点を列挙する「メリット・デメリット法」が有効です。

アイデアの取捨選択に悩んだときは、ぜひ、「じゃあ、それぞれの案を比較するために、メリットとデメリットを挙げてみましょうか」と提案してみてください。これによって見落としていたメリット・デメリットが見つかる場合もありますし、それぞれの案のプラス面とマイナス面を可視化し、参加者間で共有することで優劣をつけやすくなります。また、このような提案は議論の行き詰まりを打開する意味でも効果的です。

メリット・デメリットが出揃ったあとは、どれが総合的に最も優れた案かを比較・検討することになりますが、このとき、それぞれのメリットを強化したり、デメリットを解消したりできないかも考えてみましょう。

メリット・デメリット法

	メリット	デメリット
A案	・効果が大きい ・インパクトがある ・若年層に訴求できる ・シリーズ化できる ・他業者の協力が不要	・準備に時間がかかる ・予算が高い ・広い会場が必要
B案	・予算が安い ・すぐに準備できる ・場所を問わず実施できる ・一定の効果が見込める ・高齢層にも訴求できる	・面白味に欠ける ・人手が必要 ・他業者の協力が必要

優劣を判断するとっかかりを作れる

3-16

二軸評価でアイデアを比較する

ペイオフ・マトリクスとは？

▼実現しやすくて効果も大きいアイデアを見つける

複数のアイデアを比較・検討する手法としては、「ペイオフ・マトリクス」も有効です。**ペイオフ・マトリクスは、「効果」「費用」、「需要」「実現難易度」というような二軸からなる表を作って、それぞれのアイデアをマッピングしていく手法です**（左ページ参照）。ペイオフ・マトリクスを使い、それぞれのアイデアの位置関係について話し合っていけば、最も実現のハードルが低く効果が高いアイデアが明らかになります。アイデアの数が多くても問題なくマッピングできるので、比較するアイデアの数が少ない場合はメリット・デメリット法、数が多い場合はペイオフ・マトリクス法というふうに使い分けてもいいでしょう。

ただし、ペイオフ・マトリクスは評価軸が2つしかないため、その他の評価基準が無視されます。そのため使う場面を間違えると、必要な議論が行われないまま誤った結論にたどり着いてしまう可能性があります。ペイオフ・マトリクスを使用する際は、二軸の評価で十分な比較・検討ができるかどうかをよく考えましょう。

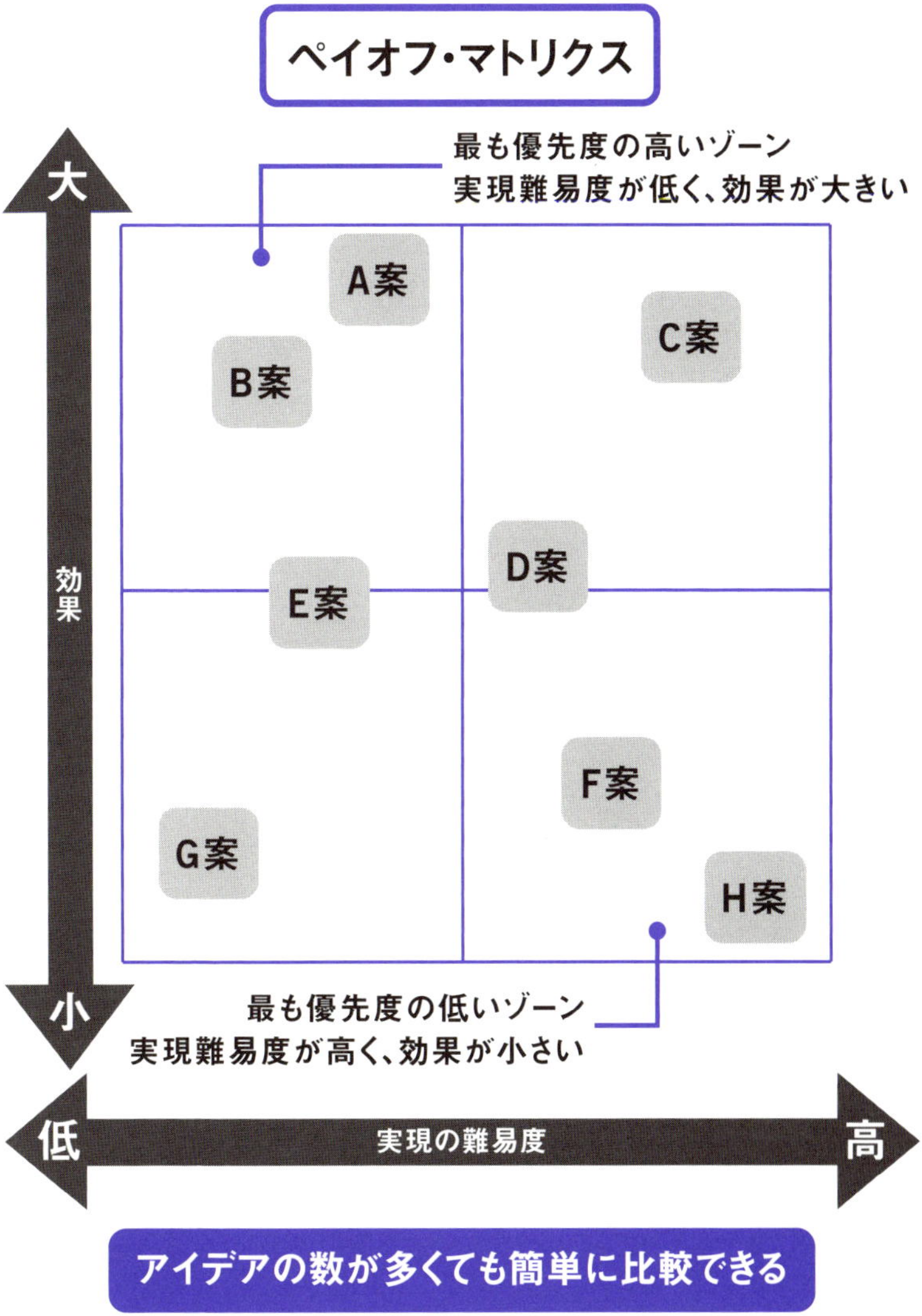
ペイオフ・マトリクス
最も優先度の高いゾーン
実現難易度が低く、効果が大きい
大
効果
小
A案
B案
C案
D案
E案
F案
G案
H案
最も優先度の低いゾーン
実現難易度が高く、効果が小さい
低
実現の難易度
高
アイデアの数が多くても簡単に比較できる

3-17

安易に「多数決」を使わない

多数決の欠点とは？

▼多数決では少数派が無視される

多数決は、会議・打ち合わせの最終的な結論を出すときにしばしば用いられる方法です。賛成する人数が多い意見が採用される多数決は、わかりやすくて平等な方法といえますが、実はファシリテーションではあまり歓迎されません。

参加者の合意形成に重きを置くのがファシリテーションの特徴であることはすでに説明した通りです。多数決では少数派の意見が無視されるため、「結論に納得できない参加者」が生まれてしまう可能性があるのです。僅差で決まった場合などは特に、少数派の参加者は納得しにくいでしょう。

したがって、**ファシリテーション的な観点からいえば、重要なテーマであればあるほど、なるべく話し合いで結論を出すようにすべきです。**

多数決は、さんざん議論しつくしてどうしても結論がまとまらないときの最終手段と考えておいた方がいいでしょう。

多数決の欠点

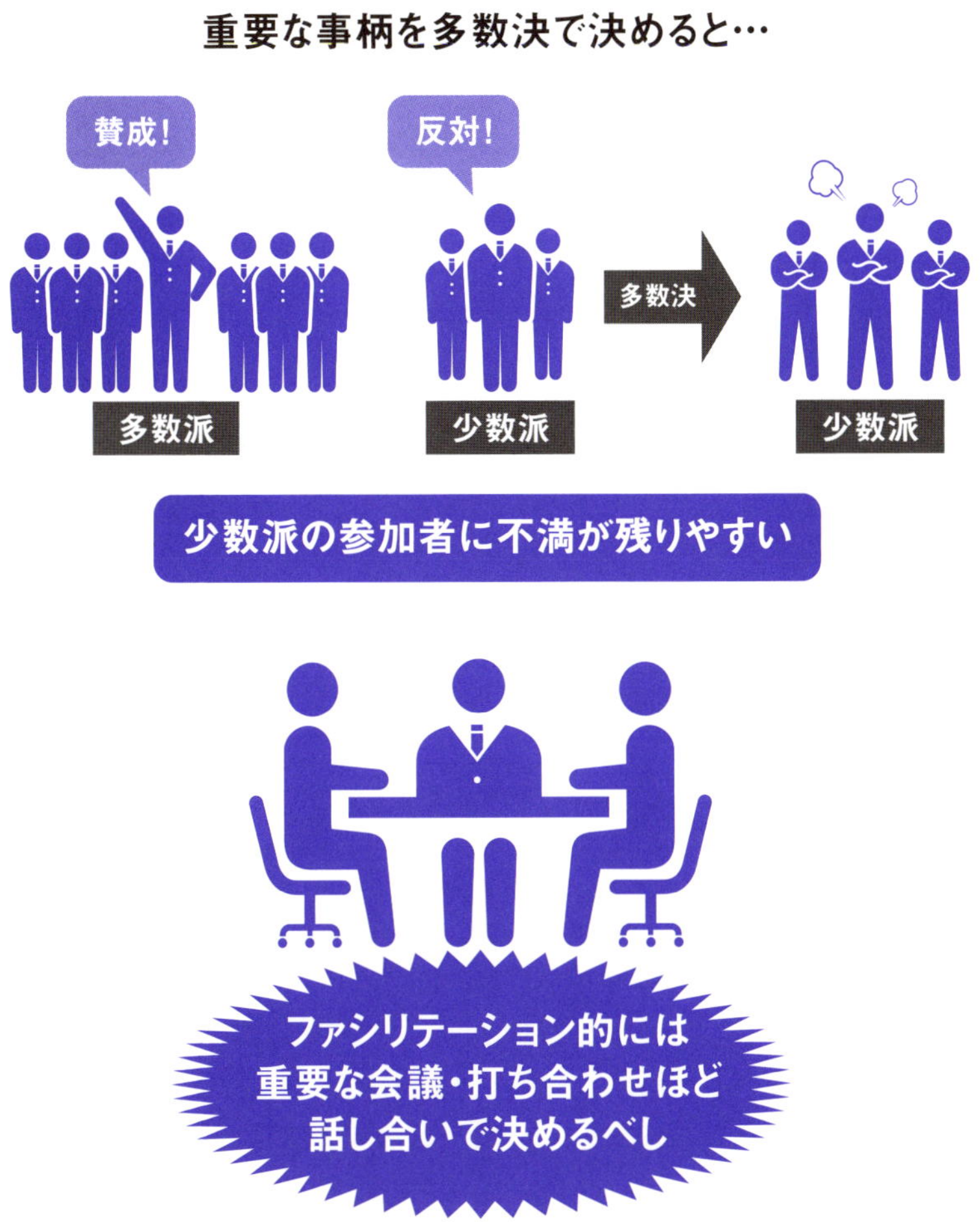
重要な事柄を多数決で決めると…
賛成!
反対!
多数派
少数派
多数決
少数派
少数派の参加者に不満が残りやすい
ファシリテーション的には
重要な会議・打ち合わせほど
話し合いで決めるべし

3-18

「発案者＝担当者」にしない

提案者が損をする仕組みはNG

▼担当者は適性で決める

会議・打ち合わせで、何かの担当者を決める際にありがちなのが、発案者が担当者になるパターンです。しかし、これはなるべく避けるべきです。

「じゃあ、この件の担当者は、発案者のAさんね」という感じで、発案者が担当者を任されるパターンが当たり前になると、会議・打ち合わせに支障をきたす可能性があります。**参加者が「いいアイデアがあるけど、担当にはなりたくない」とか「いま新しい仕事が増えるのは困る」などと感じて意見を言わなくなってしまったら、会議・打ち合わせの生産性が大きく下がってしまいます**。

担当者を決める場合は、あくまでも適性やスケジュールをもとにすべきです。だれが担当しても同じという場合でも、発案者は自分から立候補しない限り、担当者候補から外した方がいいでしょう。担当者決めに迷った場合は、発案者に決めてもらうのもいいと思います。

発案者を担当者にすることの弊害

3-19 最後には決定事項を必ず再確認する

クロージングのポイント

会議・打ち合わせの終了時には、話し合いで決まった事柄を必ず確認するようにしましょう。**決定事項を最後にもう一度確認しておくことで、会議・打ち合わせで決まった事柄が実践されないという事態を防ぐことができます。**

▼5W1Hでチェック

会議・打ち合わせで決まった事柄が実行されず、なぜやらないのかを担当者に尋ねてみると「別の人がやるものだと思っていた」「今は忙しいので一段落ついてから取り掛かろうと思っていた」なんていう答えが返ってくる場合があります。決定事項の再確認を徹底すれば、「担当者を明確に決めていなかった」「期限を設定していなかった」などのうっかりミスも防げます。決定事項を確認する際の基本は5W1Hです。「何のために」「だれが」「どこで」「いつまでに」「どのようにして」「何をやるのか」を、参加者全員が明確にわかっていなくてはいけません。なお、決定事項は口頭で確認するだけでなく、なるべく書類やメールに残すようにしましょう。

会議・打ち合わせ終了時の確認

決定事項確認時のチェックポイント

- ☑「何のために」「だれが」「どこで」「いつまでに」「どのようにして」「何を」やるのか。決定事項は5W1Hで確認する
- □ 担当者や期限を後から確認できるように、書類やメールで残しておく

お、Aさん。この前の会議で決まったあの仕事がんばってやってる?
やばい!忘れてた!

担当者や責任の所在が明確になり、決定事項が実行されない事態を防ぐことができる

コラム

会議・打ち合わせ中は言葉の意味に敏感になろう

会議・打ち合わせでは専門的なビジネス用語や略語が飛び交うことがありますが、そういった言葉を使う際は注意が必要です。もしかしたら用語の意味を理解できていない参加者がいるかもしれません。

たとえば「コミット」「アーカイブ」「MECE」など、なんとなく耳障りがよい横文字は、正確な意味を知らないまま使っている人もいて、誤解につながる場合があります。意味がわからない横文字でも、当たり前のように使われると、「それどういう意味ですか？」とはなかなか聞けないものです。付き合いの浅い参加者がいる会議・打ち合わせでは、定義が曖昧な言葉や、人によって捉え方が異なる可能性がある言葉はなるべく使わない方がいいでしょう。しっかり説明したつもりが、相手に全然伝わっていなかった、なんてことになりかねません。

ちなみに「コミット」は、「約束する」「関わり合い」「責任を持つ」というような意味で使われることが多い言葉で、「アーカイブ」は一般的に保管データを指します。「MECE」は「モレなく・重複なく」という意味で、ロジカルシンキングの重要な概念です。

第4章

会議・打ち合わせで役立つ図解&板書術

4-01

図解が役立つのはどんなとき?

アイデアやイメージを可視化する

▼意見をわかりやすく伝えるために

会議・打ち合わせにおいて、自分の意見を他の参加者にわかりやすく伝えるために役立つのが「図解」です。「百聞は一見にしかず」ではありませんが、**自分の考えを言葉だけで長々と説明するよりも、それを図で示した一枚の紙を見せた方がずっと相手に伝わる場合があります**。自分の中にあるアイデアやイメージをわかりやすい言葉に置き換えられないときは、ぜひホワイトボードやメモ帳を活用しましょう。

図解の使い道は、情報を相手に伝えるためだけではありません。自分の頭の中にあるさまざまな情報を整理して考えをまとめたいときなどにも有用です。

図解はだれでも簡単に利用できるテクニックですし、とても効果的です。普段、まったく図解を使わない人はとっつきづらさを感じるかもしれませんが、適当にフィーリングでパパッと書くだけでもかまわないのです。まずは実際に試してみて、図解に対する抵抗をなくすことから始めましょう。

図解のメリット

相手に伝わりやすい

図解を使って説明すると、言葉だけで説明するよりもわかりやすく、相手の印象にも残る。プレゼン会議をはじめ、さまざまな会議・打ち合わせで、図解のスキルはおおいに役立つ

情報を整理できる

図解を作るためには、頭の中にあるさまざまな情報を一度整理して、わかりやすい形に構造化する必要がある。そのため図解を作成すると、その事柄に対する自分の理解がより深まる

新しい発見が生まれやすい

図解はアイデアの発想にも役立つ。たとえば図解を構成する要素を別のものに置き換えたり、図解に新しい要素を加えたりしてみると、斬新なアイデアが見つかる可能性がある

メモとして使える

作成した図解はメモとしても利用でき、さまざまな場面でヒントを与えてくれる。会議・打ち合わせでアイデアが思いつかずに話し合いが停滞してしまったときなどに図解のメモを見返すといい

図解を有効活用することで情報伝達能力が上がり、新しいアイデアも生まれやすくなる

4-02

汎用性の高い図解パターンを使い回す

6パターンの図解をマスター

▼定型を覚えて流用する

図解に明確なルールはなく、基本的には自由に描いてかまいません。
しかし、図解を描くことに慣れていない場合は、何かしらの定型にあてはめて描く方が簡単でしょう。図解には、ツリー型、フロー型、マトリクス型、サークル型などさまざまなパターンがあります。汎用性の高い図解パターンをいくつか覚えておけば、たいていの場面に対応できるでしょう。

図解を作る際に一番重要なのは、わかりやすさです。時間をかけてオリジナリティあふれる図解を描いても、相手が理解できなければ意味がありません。完成度が低くても問題ないので、肩の力を抜いてチャレンジしましょう。図解が間違っていたり要素が欠けていたりしたら口頭で補足すればいいのです。

会議・打ち合わせの中で図解を有効活用するためには、シンプルな図形を短時間で作成できるようになることが大事です。

図解の基本パターン

リスト型図解

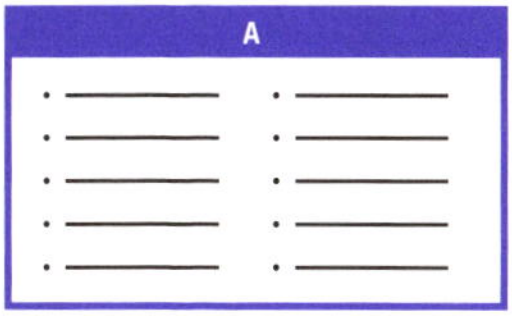

情報をグループ化できる!

ツリー型図解

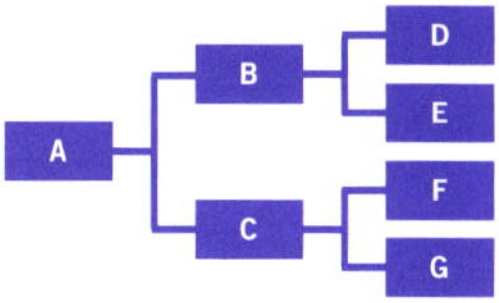

組織説明に最適!

フロー型図解

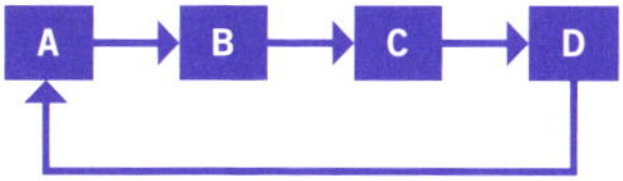

プロセス分析の強い味方!

サークル型図解

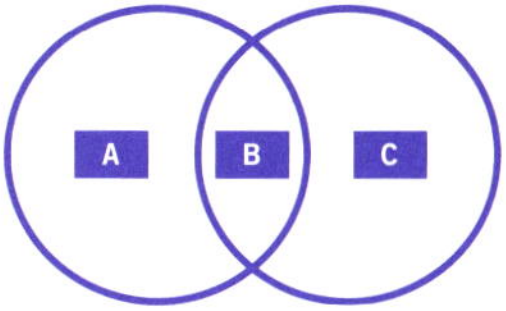

重複・包括を表現できる!

マトリクス型図解

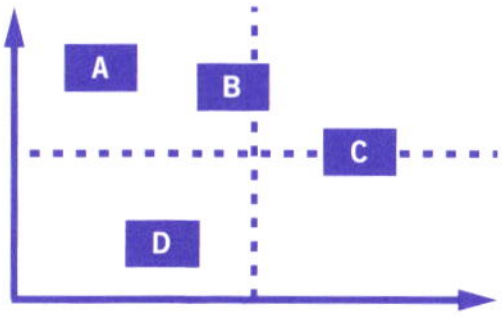

競合分析に使える!

グラフ型図解

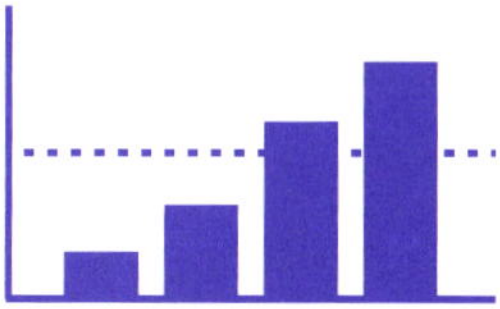

数値データの整理に便利!

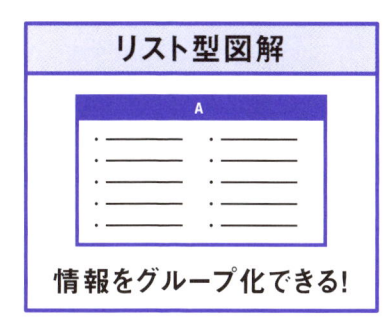

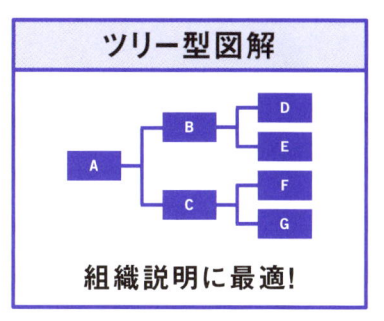

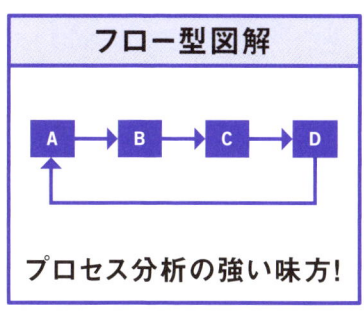

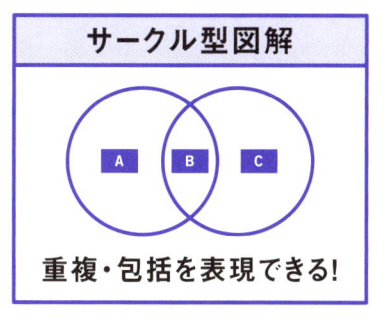

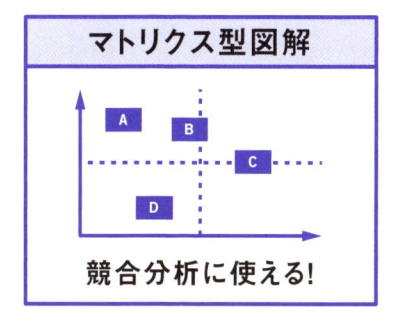

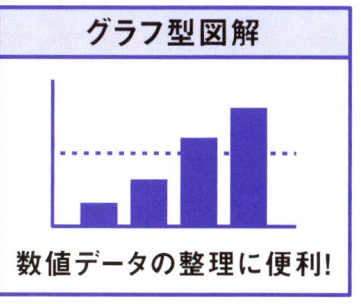

4-03

迷ったときは箇条書きで整理

情報をグループ化するリスト型図解

▼条件にあてはまる要素を並べるだけ

図解の定型として最初に覚えておきたいのがリスト型です。リスト型は、特定の条件を満たす要素を羅列した図解です。箇条書きといってもいいでしょう。単なる箇条書きを図解と呼ぶのは違和感があるかもしれませんが、たとえば「商品Aの強み」と「商品Aの弱み」の箇条書きを横に並べて線でつなげば、かなり図解らしさが増します。

リスト型図解は共通項を持つ多数の要素を整理する効果が高く、あらゆる場面で使えます。見出しの下に要素を羅列するだけで作れますし、他の図解パターンとも簡単に組み合わせることが可能です。

どういう図解にすればいいか迷ったときは、まずは箇条書きにできないかどうかを考えてみるといいでしょう。箇条書きにすることで情報が整理され、新しい発想が生まれる場合もよくあります。リスト型図解は、情報を伝えるというよりは、情報を整理する際に特に有用です。

リスト型図解は情報整理に便利

商品A 利用者の声
・色が広告と違っていた
・充電時間が長すぎる
・価格をもう少し下げてほしい
・すぐバッテリーがなくなる
・とても満足している
・文句のつけようがない

新イベントの開催地候補
・神奈川県横浜市
・大阪府大阪市
・愛知県名古屋市
・北海道札幌市
・兵庫県神戸市
・京都府京都市

Aさんの好きな食べ物
・ビーフシチュー
・サーロインステーキ
・鳥の唐揚げ
・トマトクリームパスタ
・しゃぶしゃぶ
・アイスクリーム

3月定例会議の参加者
・営業部の田中さん
・営業部の佐藤さん
・広告部の斎藤さん
・広告部の木村さん
・人事部の高橋さん
・製造部の大谷さん

多数の情報を
簡単に整理できる

4-04

家系図形式で構造を可視化する

階層がわかりやすいツリー型図解

▼階層を揃えて項目を並べる

ツリー型は、要素と要素を線でつないだ形の図解です。家系図や企業の組織図が典型的なツリー型図解といえるでしょう。複数の要素を含んだ物事の構造を表すのに適した図で、階層を容易に表現できるのが特徴です。

ツリー型図解を作る際の注意点は、異なる階層にある要素を同じ列に並べないことです。企業の組織図でいうと、「埼玉支社」「千葉支社」「群馬支社」と並んでいる列に「営業部門」があると全体の整合性が崩れてしまいます。「営業部門」を書き込む場合は、もうひとつ下の階層を作らなくてはいけません。また、要素の並べ方に関しては「規模の大きい方を右に置く」というようなルールを決めておくと、よりよい図解になります。

また、ツリー型図解は要素がいくつあっても表現することができますが、項目数が多くなればなるほど見にくくなってしまいます。ひとつの図解に情報をつめこみすぎないようにした方がいいでしょう。

ツリー型図解は階層がわかりやすい

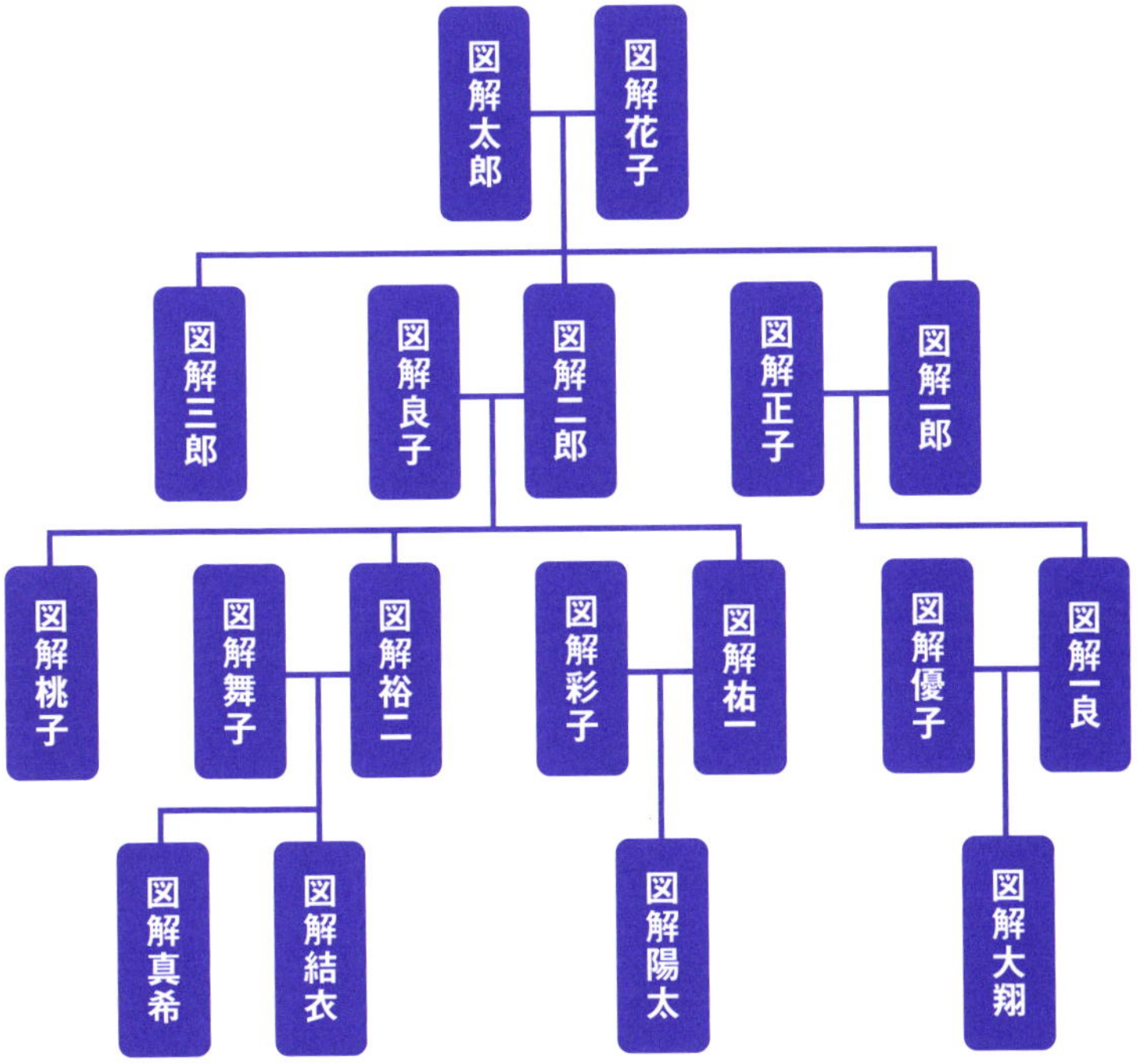

Point

- 階層ごとに大きさや高さを揃える
- 多くの要素を並べる場合は「年齢の高い方を右に置く」というようなルールを作ると見やすくなる

4-05 プロセスを一目瞭然にする

流れを表すフロー型図解

▼プロセスがわかりやすい

作業行程など、物事の順序を表す際にはフロー型図解が適しています。プロセスを整理し、見直すために役立つ図解です。

フロー型図解は主に囲みと矢印で構成された図解で、階層を表現することもできます。作成する際は、**矢印をつなぐ順序を間違えないことや、同じ種類の囲みの大きさを揃えることに気をつけましょう**。

フロー型図解では、一方向への流れだけでなく、分岐や循環を表現することも可能です。条件によって分岐先が異なる場合は、矢印の近くに「YES」「NO」などの文字を配置するとさらにわかりやすくなるでしょう。

複数の流れが混在する場合などは、種類の異なる矢印を使い分けるのも有効です。ただし、矢印の種類が増えすぎるとそれぞれの矢印の意味がわかりにくくなるので、2、3種類程度にとどめておいた方がいいでしょう。

フロー型図解はプロセスがわかりやすい

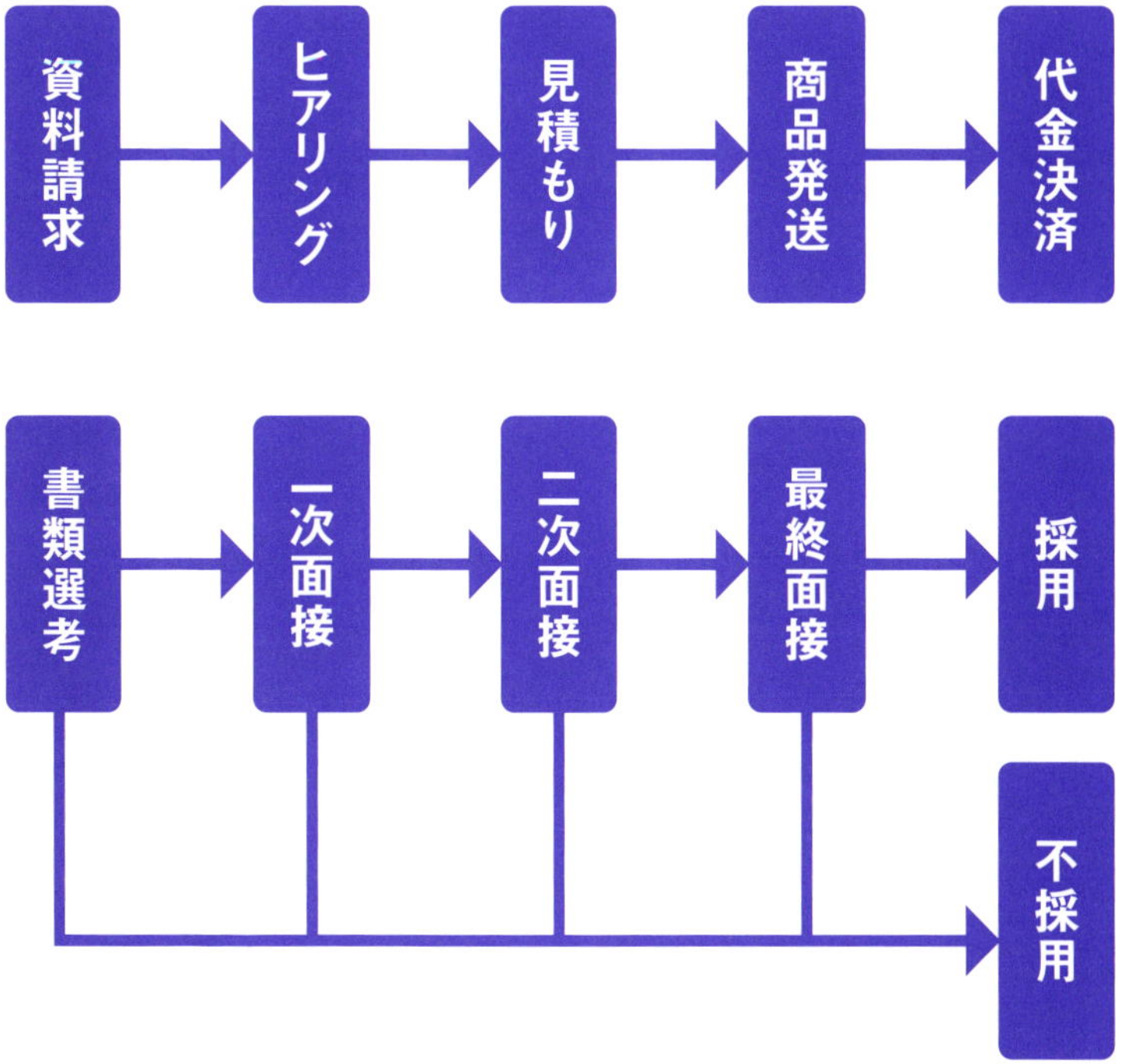

資料請求
ヒアリング
見積もり
商品発送
代金決済
書類選考
一次面接
二次面接
最終面接
採用
不採用

Point

- 同じ種類の囲みは大きさを揃える
- 期間を表さない場合は要素間の距離を同じにする
- 不要な分岐は省略してもよい

4-06

各要素の関係性を直感的に伝える

関係性がわかりやすいサークル型図解

▼円の重なり合いで関係性を表す

共通する要素を持った複数の項目の関係性を直感的に表現したい場合は、サークル型図解が便利です。サークル型図解は複数の円が重なり合った形の図解で、ベン図と呼ばれることもあります。

サークル型図解を使うのは、たとえば複数の特徴を持った顧客層を表現する場合などです。「20代女性」を表す円と「流行に敏感な顧客層」を表す円の一部を重ね合わせて描けばサークル型図解になります。単純な構造ですが、**図解にすることで重なり合う部分がどれくらいあるかをイメージしやすくなります**。

サークル型図解を作る際に気をつけたいのは、重なり合う部分の面積です。重なりの面積が不自然に広すぎたり狭すぎたりするとテキスト（文字）を書き込みにくくなりますし、こちらが意図しないイメージを相手に与えてしまう可能性もあります。大体、円の半分から3分の1くらいを重ねるようにすれば、自然なサークル型図解になります。

サークル型図解は重なりや包括を表現できる

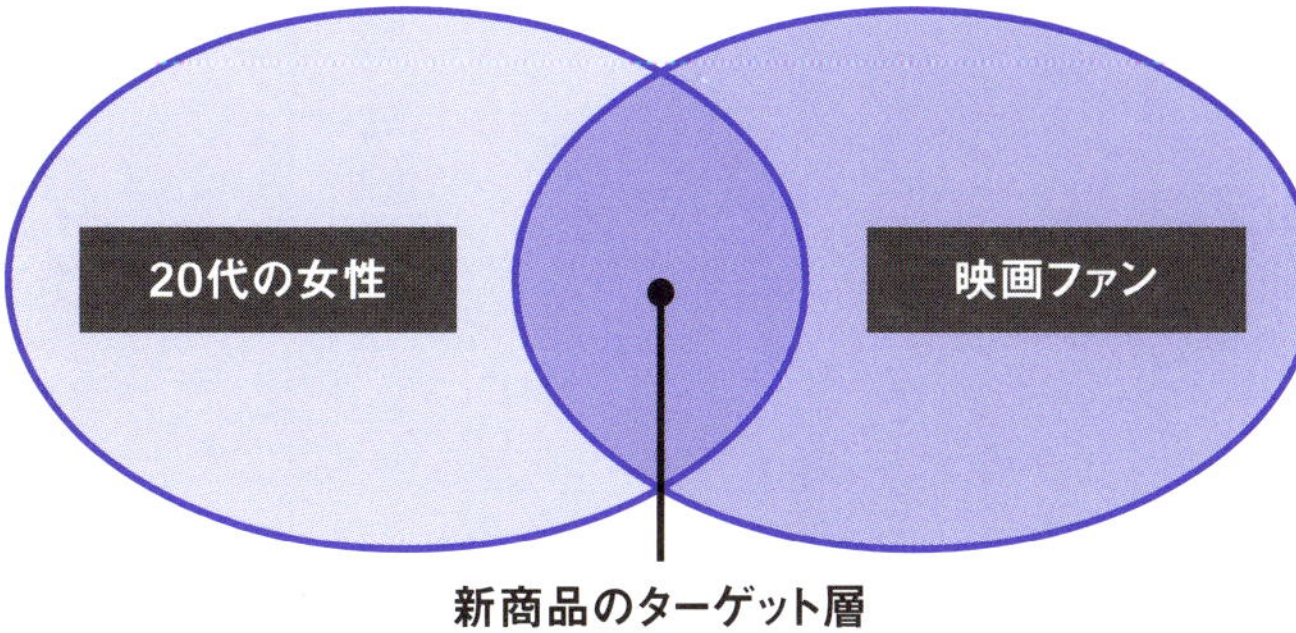

20代の女性
映画ファン
新商品のターゲット層

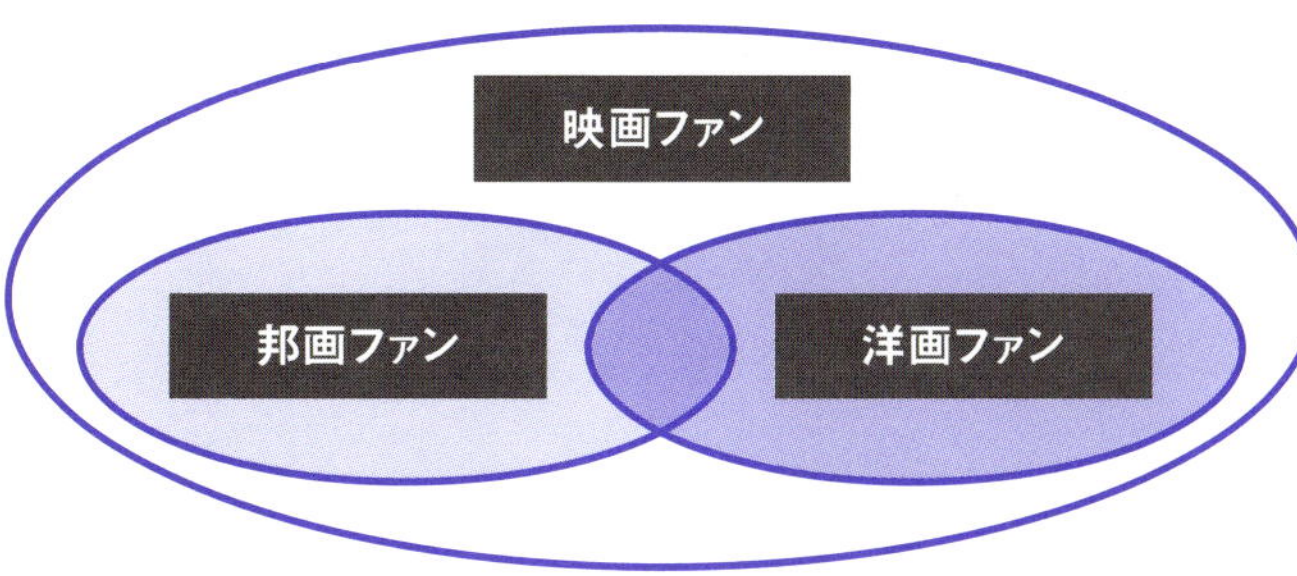

映画ファン
邦画ファン
洋画ファン

Point

- 円同士の関係性を間違えないように注意
- 円ごとに色を変えると見やすくなる
- 円が重なる部分が大きくなりすぎないようにする

4-07

複数の要素を並べて比較する

比較に役立つマトリクス型図解

▼位置が情報を表す

複数の項目を比較・整理したいときにはマトリクス型図解が役立ちます。マトリクス型図解は縦と横の二軸に評価基準を設定した形の図解です。たとえばテレビのスポーツニュースでよく出てくるサッカーや野球の対戦結果表がマトリクス型図解ですし、106ページで紹介した「ペイオフ・マトリクス」もマトリクス型図解です。

マトリクス型図解は二軸の設定しだいでさまざまな使い方ができます。「これまでにない企画を考えよう」というテーマの会議・打ち合わせなら、「実現の難易度」「新規性」といった二軸を設定し、そこに企画案を配置していくとよいでしょう。バイトメンバーのシフト管理なら「メンバー名」と「勤務日」の二軸でOKです。

要素が多すぎて他の図解パターンではごちゃごちゃしてしまう場合でも、マトリクス型図解ならきれいに整理することができます。資料作成にもとても役立つのでぜひマスターしましょう。

マトリクス型図解は多数の項目を整理できる

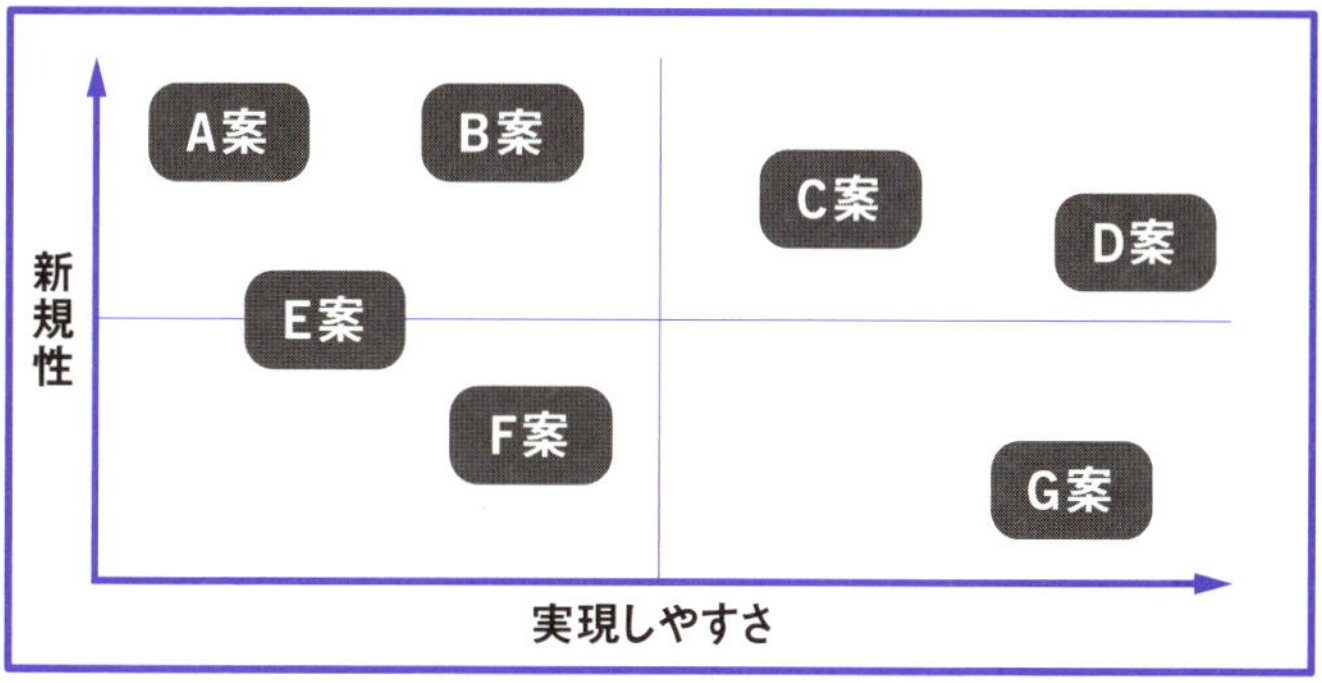

	月	火	水	木	金	土	日
田中さん	○		○			○	
鈴木さん	○		○				○
高田さん	○			○	○		
吉澤さん		○		○		○	
山根さん		○		○		○	
木下さん		○			○		○
田口さん			○		○		○

Point

- 二軸を正しく設定することが大事
- 項目が多い場合はスペースを多めにとって、文字が小さくなりすぎないように注意する

4-08

数値データをわかりやすく表現する

プレゼン会議で活躍するグラフ型図解

▼説得力アップに役立つグラフ

棒グラフや折れ線グラフなども図解の一種です。グラフ型図解は数値データをわかりやすく表現することができ、プレゼン会議などでは非常に有用です。自分の主張の正当性を一目瞭然で表すグラフがあれば、説得力がぐっと高まります。

グラフ型図解には棒グラフ、折れ線グラフのほか、円グラフやレーダーチャートなどがあり、元となる数値データにあわせてそれぞれを使い分けることが大切です。

グラフを作成する際は、何を伝えるためのグラフなのかを明確にしましょう。売上が多いことを伝えたいのか、先月と比べて売上が減っていることを伝えたいのかでグラフの作り方が変わってきます。

また、グラフにはタイトルと単位を必ず記載しましょう。タイトルがないと何のグラフかが一目でわかりませんし、単位が正しく伝わらないと大きな誤解につながる可能性があります。

主なグラフ型図解

棒グラフ

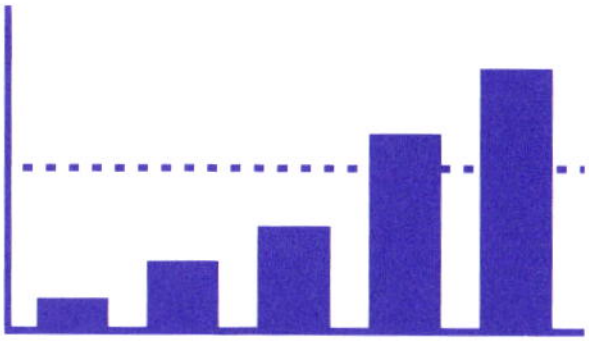

数量の差が
わかりやすい

折れ線グラフ

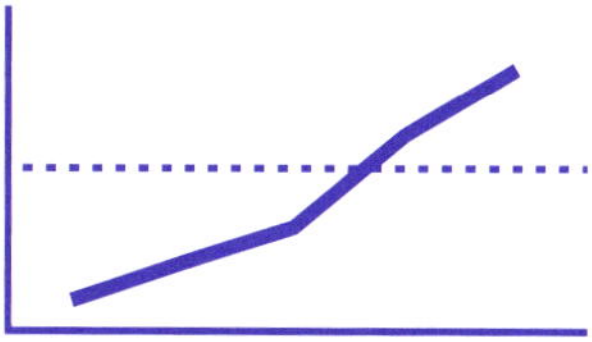

数量の推移が
わかりやすい

円グラフ

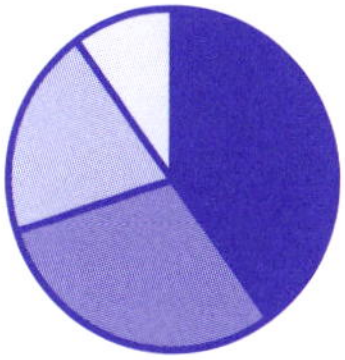

数量の割合が
わかりやすい

レーダーチャート

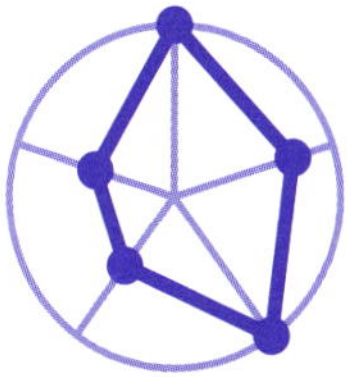

数量のバランスが
わかりやすい

Point

- グラフの種類と特徴を理解して使い分ける
- データの単位を必ず表示する
- 何を伝えるためのグラフかを明確にする

4-09

「絵」を加えるとイメージが膨らむ

図解にアクセントを加える

▼絵心がなくても大丈夫

図解を作る際に簡単な絵を加えると見栄えがよくなるのでぜひ試してみてください。**無機質な図解にちょっとした絵が加わると、より直感的に理解しやすくなりますし、イメージも広がりやすくなります**。

「そんなこと言われても自分は絵が描けないから……」なんて人も多いと思いますが、アイコンレベルの絵なら、描き方さえ知っていればだれでも描けます。

たとえば人物は丸と線の組み合わせで表現できますし、胴体の下部分を三角形にすれば、それだけで女性っぽくなります。表情の描き分けも眉毛や口の形を変えるだけです。建物も同じで、どう描くのかさえわかっていれば特別な技術や絵心はいりません。記号を描くような感じです。

無理をして絵を加える必要はありませんが、絵があるだけで図解のレベルがひとつ上がります。人物や建物など、簡単なアイコンの描き方を覚えておいて損はないでしょう。

人物、建物アイコンの描き方

アイコンレベルの絵なら絵心は必要ない
描き方さえわかればだれでも描ける

人物アイコンの描き方

丸、四角、線を組み合わせれば人のアイコンになる

目と口で表情が変わる。記号を加えるのもよい

建物アイコンの描き方

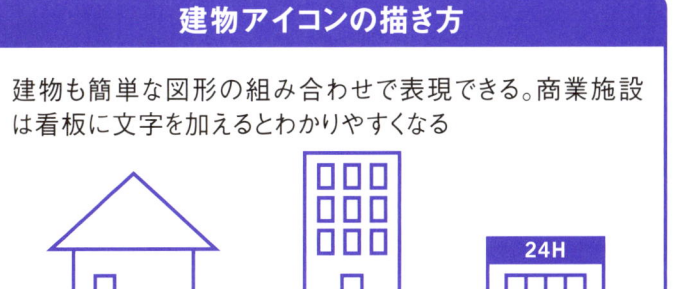

建物も簡単な図形の組み合わせで表現できる。商業施設は看板に文字を加えるとわかりやすくなる

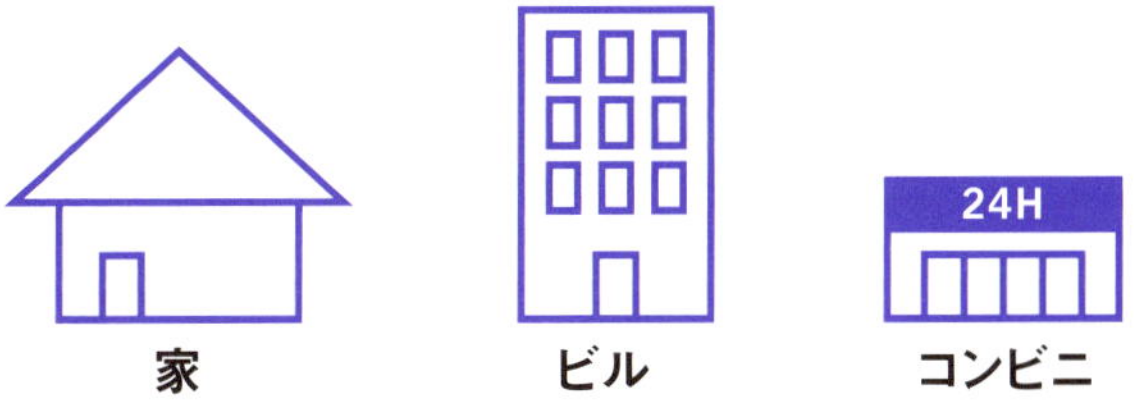

4-10

ビジネスフレームワークで説得力アップ

定型にあてはめて考える

▼問題解決を助ける定番ツール

図解とあわせて覚えておきたいのが「ビジネスフレームワーク」です。

ビジネスフレームワークは、決まった型にあてはめて考えていくことで問題解決につながる答えが導き出せる、思考の枠組みのようなものです。**ビジネスフレームワークを利用すると、見落としていたポイントに気づけたり、問題解決に至るまでの時間を短縮したりすることができます**。

また、会議・打ち合わせでビジネスフレームワークを使えば論点がブレづらくなり、スムーズに議論が進みます。もちろん、会議・打ち合わせを行う前の段階で自分の意見をまとめるために利用するのもいいでしょう。

ビジネスフレームワークにはさまざまな種類がありますが、ここでは「ＰＤＣＡ」「３Ｃ」「ＳＷＯＴ」「ＰＥＳＴ」「ＧＲＯＷ」の５種類を紹介します。場面に応じてこれら５つを使い分ければ会議・打ち合わせの質は間違いなくアップします。

5つのビジネスフレームワーク

PDCA	「Plan」「Do」「Check」「Action」の4ステップからなるプロセス管理のフレームワーク
3C	「Customer」「Competitor」「Company」の3視点をもとにした戦略策定フレームワーク
SWOT	「Strengths」「Weaknesses」「Opportunities」「Threats」の4視点をもとにした戦略フレームワーク
GROW	「Goal」「Reality」「Options」「Will」の4ステップからなる問題解決のフレームワーク
PEST	「Politics」「Economics」「Society」「Technology」の4視点をもとにした環境分析フレームワーク

4-11

業務プロセスをチェックする

業務改善を支えるＰＤＣＡ

▼ＰＤＣＡを回して業務を改善し続ける

最初に紹介するビジネスフレームワークは「ＰＤＣＡ」です。

ＰＤＣＡは、「Plan（計画）」→「Do（実行）」→「Check（評価）」→「Action（改善）」という4つのサイクルを繰り返しながら業務を改善する考え方です。

つまり、それまでの実績や将来予測をもとに業務計画を作成し（Plan）、それにしたがって業務を進め（Do）、計画通りにうまく進められたかどうかを確認して（Check）、うまくいかなかった部分を発見・改善する（Action）というのがＰＤＣＡサイクルです。Actionのあとは、改善を反映した新しいPlanがスタートします。

ＰＤＣＡは業務プロセスの基本ともいえる考え方で、このフレームワークにあてはめて考えると、業務効率を向上させるためのポイントを見つけることができます。たとえば、日の前の仕事を片付けることに精一杯でCheckとActionが欠けている、というのはさまざまな場面でよく見られるケースです。

PDCAを回して業務プロセスを効率化する

PDCAとは? 「Plan(計画)」「Do(実行)」「Check(評価)」「Action(改善)」というサイクルで構成されるフレームワーク

Plan
業務を計画する
Do
計画に沿って実行する
Check
業務を評価する
Action
業務を改善する
「Check」「Action」がないと
同じ失敗を繰り返す

4-12

「顧客」「競合」「自社」の視点で考える

自社の立ち位置を明確にする3C

▼3つの視点から成功要因を探る

次に紹介するビジネスフレームワークは「3C」です。

3C分析は、「Customer（顧客）」「Competitor（競合）」「Company（自社）」という3つの視点から現状を分析するフレームワークで、企業全体、部門、各商品など、さまざまなレベルの戦略策定に活用されています。

3C分析の目的はビジネスの課題や成功要因を見つけ出すことで、そのために3つの視点から分析を行います。分析はCustomer、Competitor、Companyの順で進め、最初のCustomer分析では顧客・市場のニーズを探ります。そしてCompetitor分析では競合相手が市場にどのように対応しているかを調査します。最後のCompany分析では、Customer分析とCompetitor分析の結果を踏まえ、自分たちに足りないもの、成功するために必要なものを導き出します。また、3CにCooperator（協力業者）などを加えた4C分析もあり、他業者と協力してビジネスを行う際に利用します。

「3C」に着目して市場分析

3Cとは? 「Customer」「Competitor」「Company」の3つの視点から現状分析を行うフレームワーク

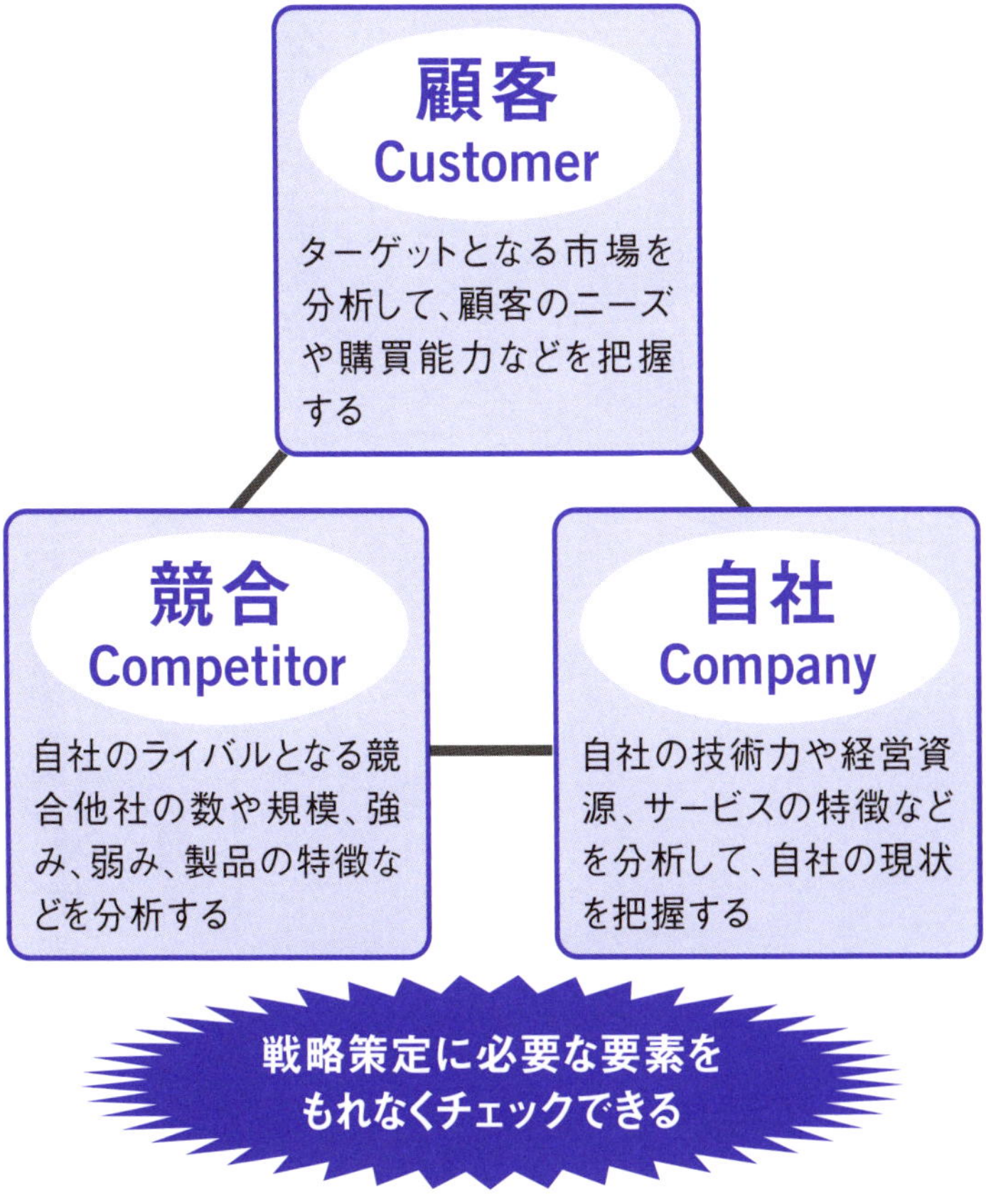
顧客
Customer
ターゲットとなる市場を分析して、顧客のニーズや購買能力などを把握する
競合
Competitor
自社のライバルとなる競合他社の数や規模、強み、弱み、製品の特徴などを分析する
自社
Company
自社の技術力や経営資源、サービスの特徴などを分析して、自社の現状を把握する
戦略策定に必要な要素をもれなくチェックできる

4-13 自社の強みと弱みを明確にする

戦略策定の場面で活躍するＳＷＯＴ

▼４カテゴリーを分析して戦略を立てる

ＳＷＯＴ分析も、ぜひ覚えておきたいビジネスフレームワークです。**ＳＷＯＴ分析は、「強み（Strengths）」「弱み（Weaknesses）」「機会（Opportunities）」「脅威（Threats）」の４カテゴリーをもとにした分析手法です。**

４つのカテゴリーのうち、「強み」と「弱み」は自分たちでコントロール可能な内部要因であり、「機会」と「脅威」は、自分たちのコントロール外にある外部要因です。つまり、「強み」は目標達成に役立つ内部要因で、「弱み」は目標達成の障害となる内部要因です。また、「機会」は目標達成を助ける外部要因、「脅威」は目標達成を邪魔する外部要因といえます。内部要因と外部要因の双方から分析を行うことで、最適な戦略を導き出せるという考え方です。

なお、ＳＷＯＴ分析を行った後は、内部環境である「強み」「弱み」と、外部環境である「機会」「脅威」を組み合わせて戦略の方向性を決めるのが一般的です。この手法を「クロスＳＷＯＴ」といいます。

SWOT分析の概要

SWOT分析とは?

強み(Strengths)、弱み(Weaknesses)、機会(Opportunities)、脅威(Threats)の4視点から分析を行うフレームワーク

SWOT分析の4つの視点

	プラス面	マイナス面
内部環境	強み (Strengths)	弱み (Weaknesses)
外部環境	機会 (Opportunities)	脅威 (Threats)

SWOT分析の例…A社の場合

強み
・高い技術力がある
・ブランド力がある

機会
・中国市場に未開拓の大きなニーズがある

弱み
・特定事業への依存度が高い
・為替の影響で利益が安定しない

脅威
・新規参入が相次ぎ、競争が激化している

クロスSWOT分析

SWOT分析の結果をもとに4要素を掛け合わせて戦略を策定するフレームワーク

	プラス面	マイナス面
内部環境	強みと機会を活かす戦略	強みを活かし、脅威をクリアする戦略
外部環境	弱みをカバーし、機会を活かす戦略	弱みと脅威を踏まえ、守りに徹する戦略

4-14

目標達成の方法を分析する

目標達成への道筋を確認できるＧＲＯＷ

▼問題解決のための４ステップ

ＧＲＯＷモデルは、コーチングやコンサルティングの世界でよく利用される問題解決のフレームワークです。「ＧＲＯＷ」は「Goal（目標）」「Reality（現状）」「Options（選択肢）」「Will（意思）」という4つのキーワードの頭文字を表しています。

ＧＲＯＷモデルでは、①目標を設定する、②現状を把握する、③選択肢を考える、④実行の意思を確認する、というステップで問題解決を目指します。目標（Goal）を定め、現状（Reality）を確認し、選択肢（Options）を考えるというプロセスをしっかりクリアすることで、メンバーが強い意思（Will）を持って行動できるようになるというわけです。

ＧＲＯＷモデルは汎用性が高く、さまざまなシーンで役立ちます。ＧＲＯＷモデルの考え方が身に付けば、漠然とした不安から目標が定まらないままなんとなく会議・打ち合わせを開いてしまうということもなくなるでしょうし、会議・打ち合わせ以外の選択肢を考えるきっかけにもなります。

問題解決に役立つGROW

GROWとは?

「Goal」「Reality」「Options」「Will」の頭文字をとった問題解決のフレームワーク

目標 Goal

目指すべき目標、解決すべき課題を設定する。ゴールはなるべく具体的に設定することが重要

→

現状 Reality

どんな武器を持っていて、どこに弱点があるのかなど、自分たちが現在置かれている状況を分析する

↓

選択肢 Options

ゴールを達成するために、どんな手段があるのかを考える。できるだけ多くの選択肢を考える

←

意思 Will

メンバーに目的達成の意思があるかどうかを確認し、目的達成に向けて選んだ選択肢を実行する

さまざまなシーンで使える問題解決の基本プロセス

4-15

外部環境から受ける影響を分析する

外部要因をモレなくチェックできるPEST

▼外部要因を分析して世の中の流れをつかむ

ビジネスを成功させるためには世の中のトレンドをつかむことが重要です。トレンドを知るためには、外部要因の分析が欠かせません。

PEST分析は、自社をとりまく外部環境を詳細に分析するためによく用いられるフレームワークです。

PESTは「Politics（政治）」「Economics（経済）」「Society（社会）」「Technology（技術）」の頭文字をとったもので、PEST分析ではこれら4つの視点から外部環境を精査します。このフレームワークを使うことで、特定分野だけにとらわれて重要な外部要因を見落としてしまう事態を防げます。

3C、SWOT、GROW、PESTは、それぞれ組み合わせて使うことも可能です。なお、世の中は常に変化していくため、外部環境を分析する際は、現在の状況だけでなく、近い将来を予測することも大事なポイントです。

PESTで外部環境を分析

PESTとは?

「Politics(政治)」「Economics(経済)」「Society(社会)」「Technology(技術)」の4視点で外部環境を分析するフレームワーク

政治
Politics
法規制の強化・緩和、税制の改正、政権交代など

経済
Economics
物価、為替、株価、金利、GDP成長率、失業率など

外部環境

社会
Society
世論、流行、人口動態、治安、自然環境など

技術
Technology
新しい技術の開発、革新的な製品の登場など

外部環境を分析して時代にマッチした戦略を策定できる

4-16

議論を視覚化する板書テクニックとは？

ファシリテーション・グラフィック

▼ホワイトボードを使って会議・打ち合わせの質を上げる

頭で考えていることを図にしたりフレームワークにあてはめて書き出したりしてみると、思考が可視化され、その問題についてより考えやすくなるのはここまで説明してきた通りです。会議・打ち合わせを効率化するためには、議論の可視化もとても有効なのでぜひ試してみてください。議論の可視化というのは要するに板書のことです。これは会議・打ち合わせのプロであるファシリテーターがよく使う手法で、「ファシリテーション・グラフィック」とも呼ばれています。

板書することで、議論の流れや論点を参加者全員で共有でき、話し合いが横道にそれにくくなります。板書の効果は絶大で、議論の内容をホワイトボードに書き出すだけで会議・打ち合わせの質がワンランクアップするといっても過言ではありません。

もしも会議室に使われていないホワイトボードがあるなら、これほどもったいないことはありません。ぜひ有効活用しましょう。

板書のメリット

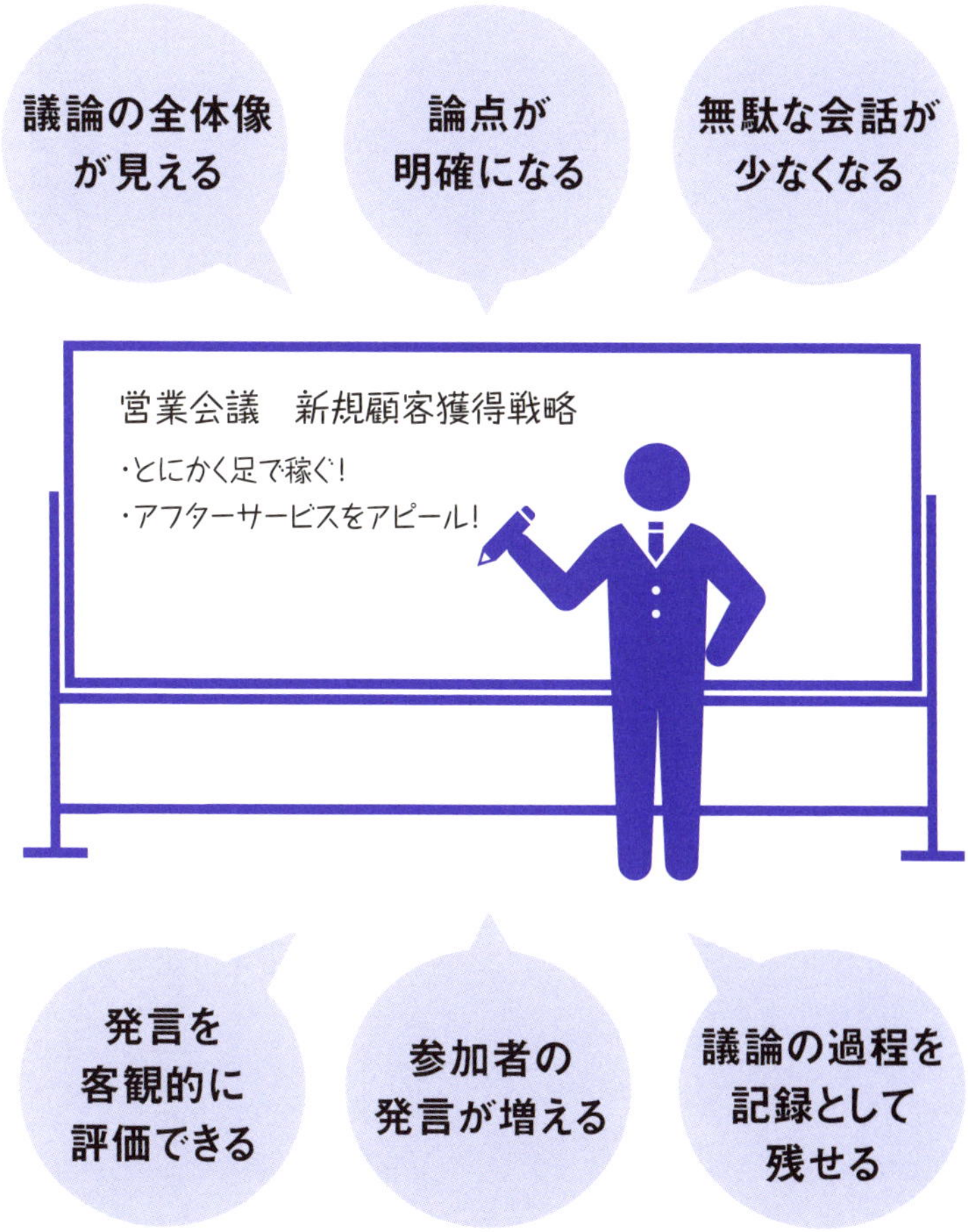

議論の全体像が見える
論点が明確になる
無駄な会話が少なくなる
営業会議　新規顧客獲得戦略
・とにかく足で稼ぐ！
・アフターサービスをアピール！
発言を客観的に評価できる
参加者の発言が増える
議論の過程を記録として残せる

4-17

板書の基本は要約と羅列

板書に特別なスキルは必要ない

▼とにかく板書することが大事

板書の基本は要約と羅列です。簡単にいうと、**一番上に大きく議題を書いて、参加者から意見が出たら順番に書いていく、これだけです**。発言全部を書いていては時間もスペースも足りないので、発言者の意図を汲みとって要点だけを書いていきましょう。

何をいいたいのかよくわからない意見が出た場合は、「つまり○○ということですか？」とか「ホワイトボードにはどういうふうに書いたらいいでしょうか？」という感じでその都度確認すればＯＫです。

また、スペースとの兼ね合いもありますが、文字は大きめに書きます。視力の低い人にも見えないと意味がないので、会議・打ち合わせの最初の段階で「これくらいの文字で大丈夫でしょうか？」と確認しておくといいでしょう。

板書をするからといって、難しく考える必要はありません。とにかく参加者の発言をホワイトボードに書き出すことが何より大切です。

板書の基本

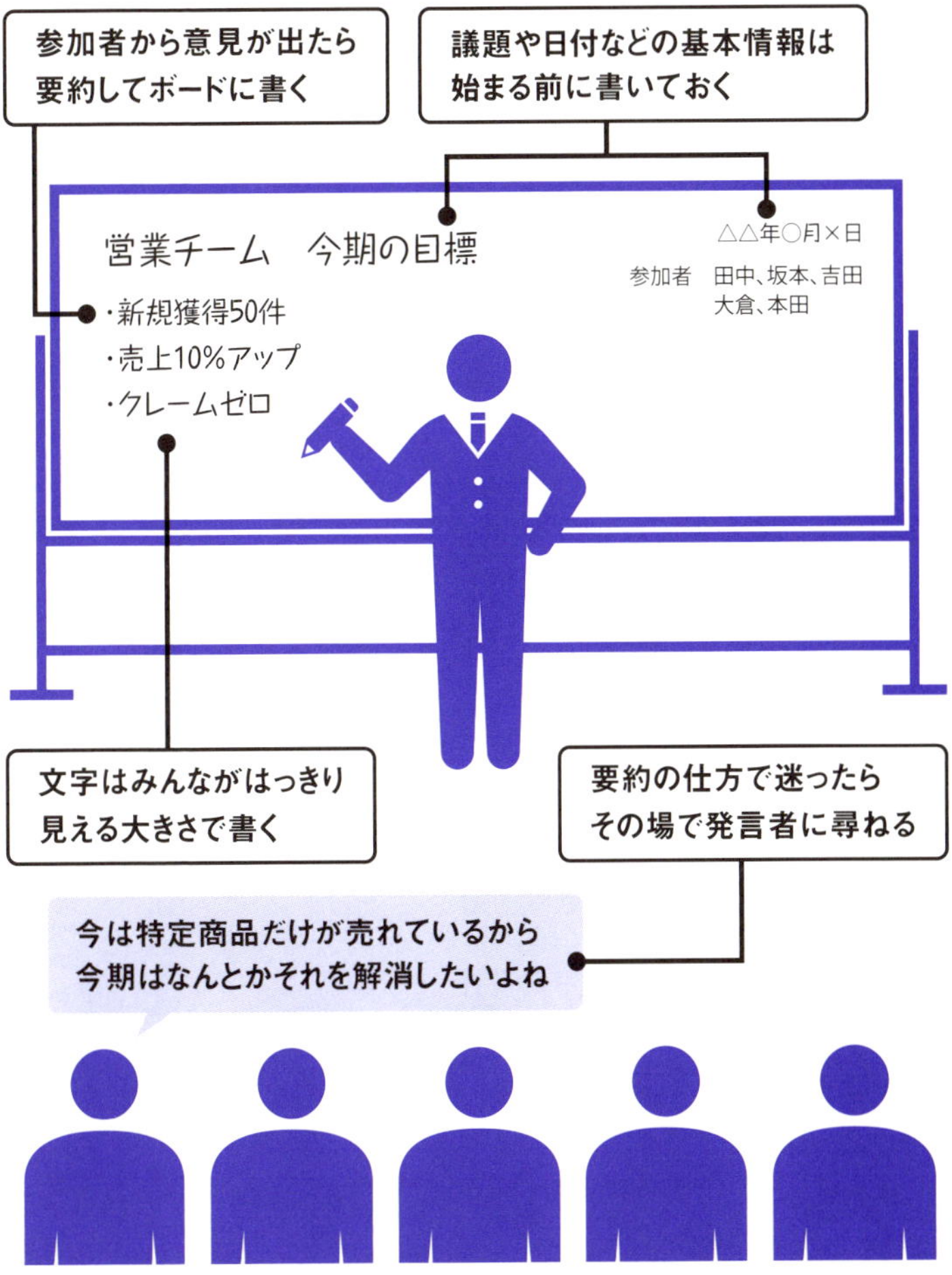

参加者から意見が出たら要約してボードに書く
議題や日付などの基本情報は始まる前に書いておく
営業チーム　今期の目標
△△年○月×日
参加者　田中、坂本、吉田
大倉、本田
・新規獲得50件
・売上10%アップ
・クレームゼロ
文字はみんながはっきり見える大きさで書く
要約の仕方で迷ったらその場で発言者に尋ねる
今は特定商品だけが売れているから
今期はなんとかそれを解消したいよね

4-18

要約の仕方を間違えないように注意

漠然とした内容では意味がない

▼要約の仕方を間違えると具体性が失われる

参加者の発言をホワイトボードに記録していく際に失敗しがちなのが、発言を要約しすぎて漠然とした内容になってしまうケースです。たとえば参加者から「この商品のデザインがターゲット層のニーズに一致していないのでは？」という意見が出たとしましょう。この発言を「デザインに問題アリ？」などと要約すると、発言の主旨が失われてしまい、時間が経って見返したときに「これってどういう意見だったっけ？」と確認しなければ意味がわからなくなります。この場合は「デザインとニーズの不一致」「デザインがニーズに合っていない？」などと書くのが妥当です。

要約の仕方を間違えると板書の効果が薄れます。発言を要約する際は、具体的な意見を漠然とした内容に置き換えてしまわないように注意してください。**発言内容を短くまとめようとするとどうしても具体性が失われやすいので、無理に短くしようとせず、多少長い文章になっても構わず書いていきましょう。**

発言を要約する際の注意点

漠然とした内容にしない

重要な部分を省略しない

わかりにくい言葉に置き換えない

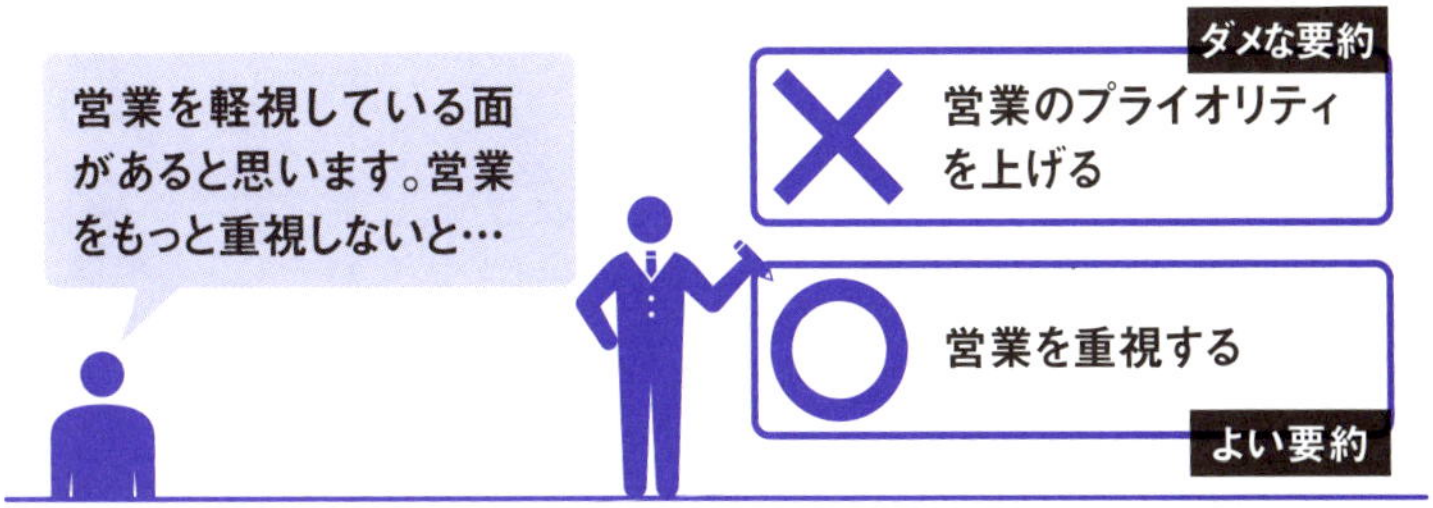

4-19

レイアウトのバランスに気を配ろう

スペースを上手に使うには？

▼書き込む量をイメージする

板書に慣れていない人が最初につまずきやすいのが、スペースの使い方です。

文字を大きく書きすぎて後半の発言を書くスペースがなくなってしまう、といった事態はなるべく避けたいところです。スペースの使い方が下手な書記係は「勘の悪いやつ」とか「デキないやつ」という印象を持たれてしまいます。

簡単なのは、ホワイトボード全体をあらかじめ分割しておく方法です。頭の中で分割してもいいですし、実際に線を引いてもいいでしょう。**横長のホワイトボードなら、2分割か3分割にすると収まりがよくなります**。どれくらいの量の発言を書き込む必要があるのか、議論の流れをイメージしてから書き始めることも大事です。

もちろん、複数の議題があって書ききれないほどの発言が出ると予想される場合は、無理に詰め込む必要はありません。議題ごとにホワイトボードに書いた内容を消してリセットしましょう。

レイアウト構成の例

「どこに何を書くか」をあらかじめ決めておく

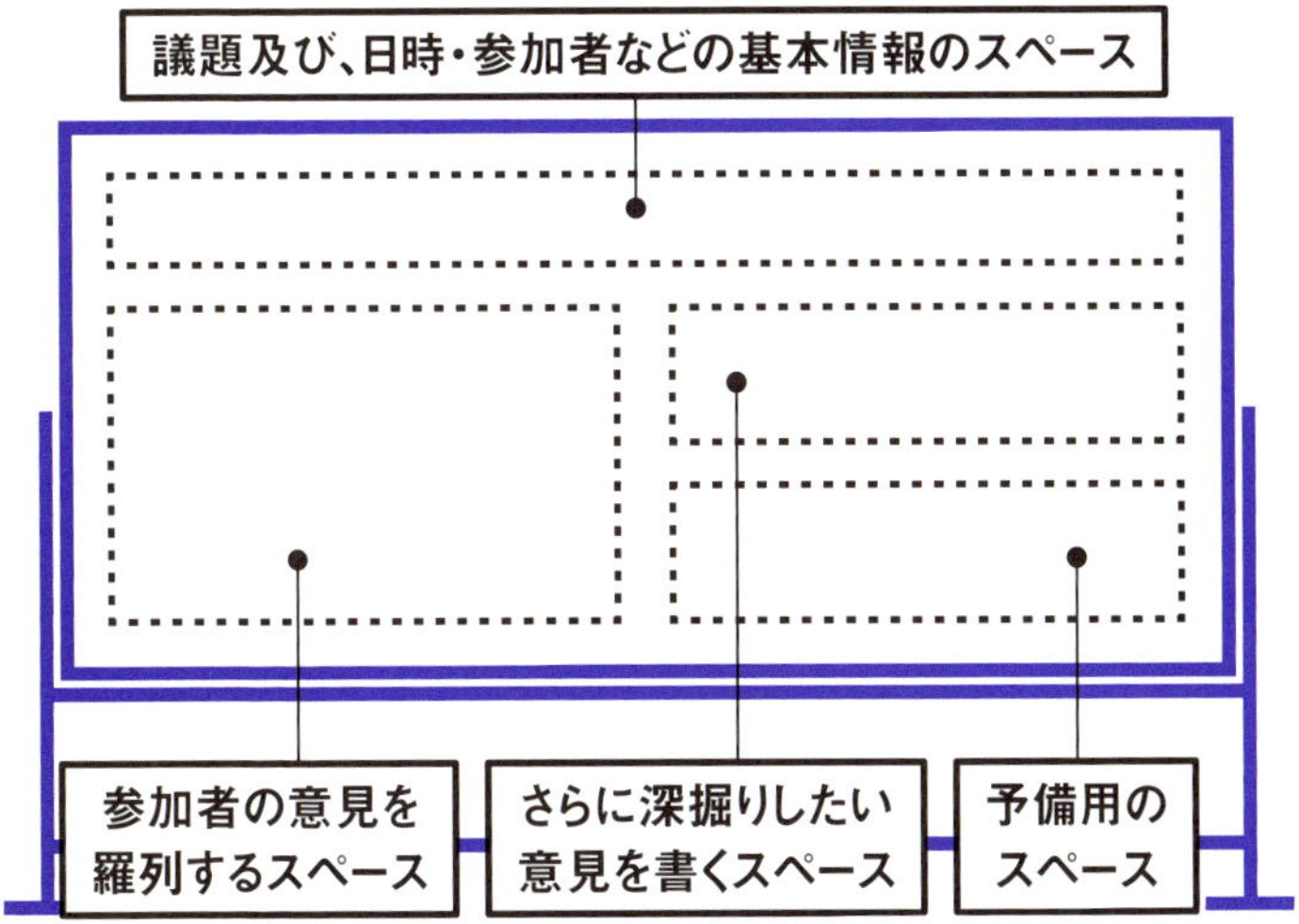
議題及び、日時・参加者などの基本情報のスペース
参加者の意見を羅列するスペース
さらに深掘りしたい意見を書くスペース
予備用のスペース

Point

- 議題と参加メンバーから書き込み量を予測してレイアウトを決める
- 長時間の会議では、ホワイトボードを消してリセットすることも考えておく
- 書き込み量を正しく予測するには慣れが必要。失敗を恐れずに経験を積むことが大切

4-20

記号や罫線で情報を整理する

スピード重視でテキパキ装飾

▼装飾のルールを決めておこう

板書では、重要な意見を強調したり補足事項を加えたりすることも大事です。特に、ホワイトボードに多くの情報量が書き込まれているときは、適度な装飾で重要なポイントをわかりやすくする必要があります。

板書ではスピードが重要なので、時間をかけずに簡単な記号や罫線を使って装飾していきましょう。その際に気をつけたいのは装飾の種類を統一することです。たとえば重要な意見が複数あったとして、罫線で囲んだものもあれば、下線だけのもの、太字のマーカーで書いたものなど、**さまざまな装飾方法が混在していると、逆に見づらくなってしまいます**。意見を強調する場合は罫線で囲み、キーワードには下線を引くなど、自分の中でルールを決めておくといいでしょう。

また、マーカーの色についても同様です。多数の色を使うよりも、2、3色を使い分ける方がきれいに見えます。

板書を見やすくするテクニック

罫線を引く

複数の意見を囲んでグループ化したり、アンダーラインを引いて強調したりと、さまざまな使い方ができる罫線は装飾の基本

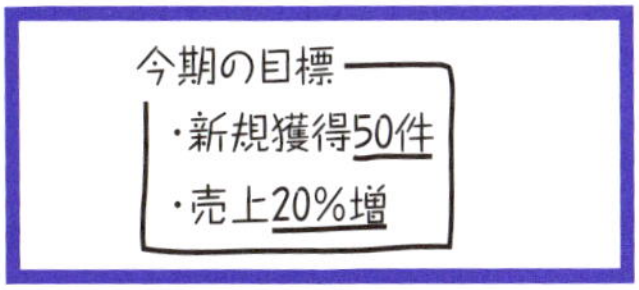
今期の目標
・新規獲得50件
・売上20%増

色を変える

基本は黒で書き、強調したい文字を別の色で書く。色数が多すぎるとそれぞれの色の意味がわかりづらくなるので気をつけよう

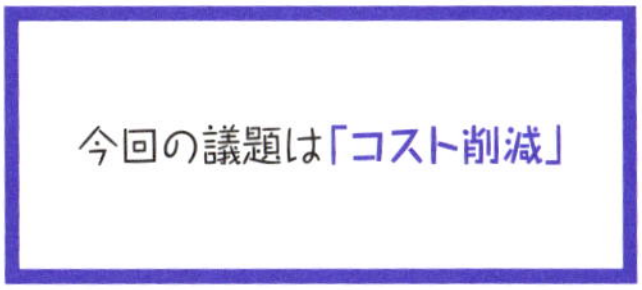
今回の議題は「コスト削減」

記号を使う

クエスチョンマークや×マーク、星マーク、二重丸、花丸などの記号を使うと文章を強調することができる。記号だけ色を変えるのもいい

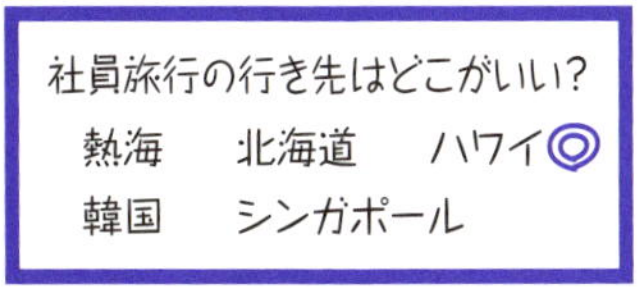
社員旅行の行き先はどこがいい?
熱海
北海道
ハワイ◎
韓国
シンガポール

斜め文字

縦書きや横書きの文字の横に、補足事項や疑問出しなどを斜めに書くと目立たせることができる。多用すると見にくくなるので注意

全員参加!
新人歓迎会
○月○日○時～

4-21

ズレた話題はいったん保留しておく

本題に注力するための「パーキングエリア」

▼話を横道にそらさせない工夫

会議・打ち合わせでは、「ちょっとズレた意見」がよく出てくるものです。たしかに重要ではあるが現在のテーマとは違うという意見です。こういう意見が出た場合、他の参加者が話を広げ、議論が本格的に横道にそれてしまう場合があります。

こうしたケースの対策として、あらかじめズレた意見を書き込むスペースを用意しておくのもひとつの手です。ズレた意見が出た場合はいったんそこに書き込んで、必要に応じて後で話し合う、というふうにすれば、ズレた意見が出ても本題の議論に集中することができます。一度に複数のテーマについて話し合うよりも、ひとつの議論に決着をつけてから次の議論を始める方が効率的です。

ファシリテーションでは、このようなズレた意見を書き込むスペースを「パーキングエリア」と呼びます。パーキングエリアを効果的に使いこなせるようになったら、もう板書上級者といえるでしょう。

本題から外れた意見は「パーキングエリア」に書く

パーキングエリア 本題から外れた意見を書くスペース。ボード端の一角を罫線で囲み、「その他の意見」などの見出しをつけておくとわかりやすい

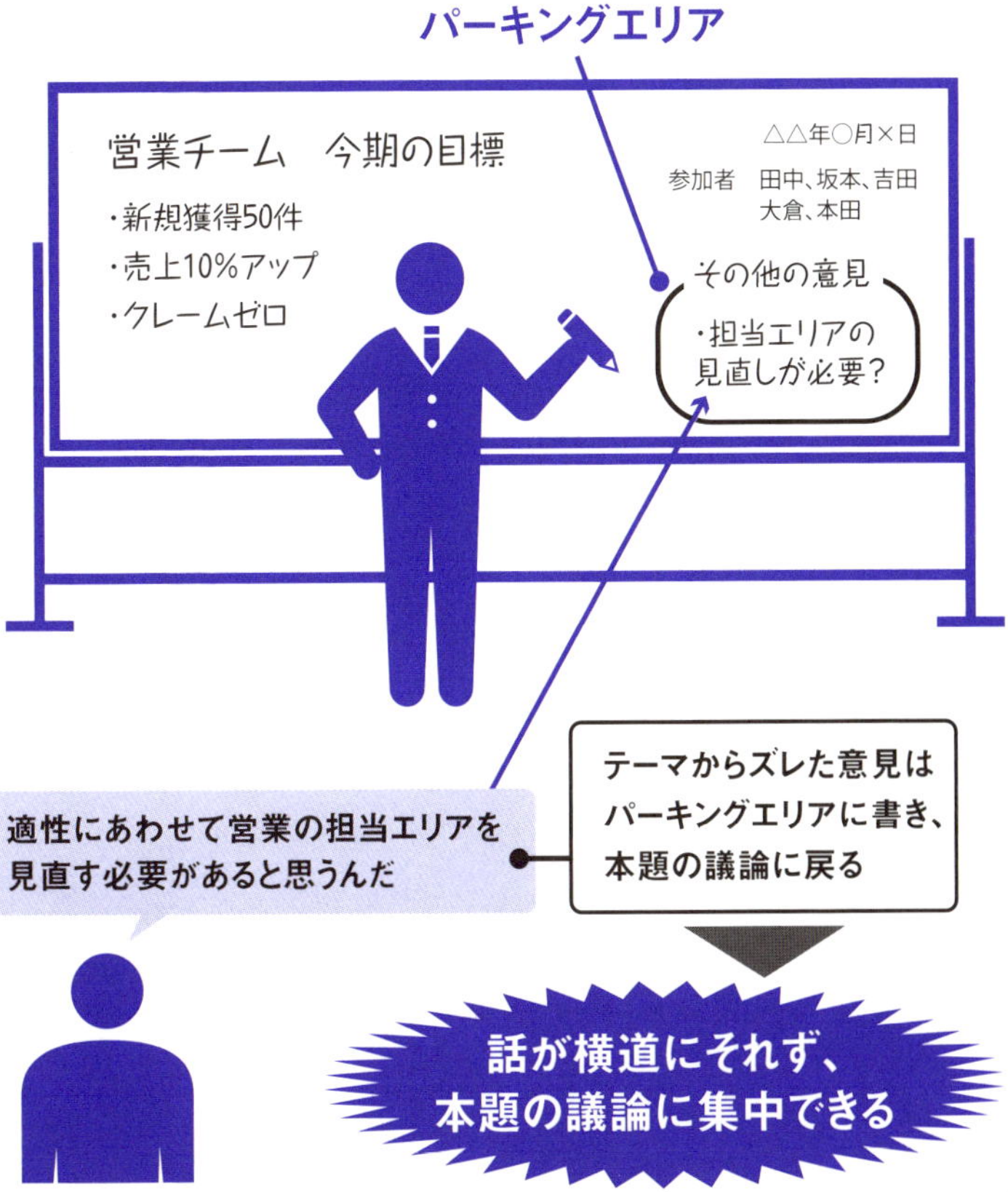
パーキングエリア
営業チーム　今期の目標
・新規獲得50件
・売上10%アップ
・クレームゼロ
△△年○月×日
参加者　田中、坂本、吉田
大倉、本田
その他の意見
・担当エリアの
見直しが必要？
適性にあわせて営業の担当エリアを
見直す必要があると思うんだ
テーマからズレた意見は
パーキングエリアに書き、
本題の議論に戻る
話が横道にそれず、
本題の議論に集中できる

コラム

図解を描くときに意識したい「余白」と「黄金比」

いろんな要素が詰め込まれ、紙いっぱいに描かれた図解は情報量が多く、作った人の努力も伝わってきます。しかし会議・打ち合わせ中に描く図解は、余白を十分に残しておいた方が好ましいでしょう。余白が少ないと窮屈なイメージになり、全体を把握するまでに時間がかかります。

また、余白がないと新しいアイデアが書き込めません。「ここにこれを入れたらいいんじゃない？」という感じで新しい要素を描き加えられるのは図解の大きなメリットです。キツキツすぎずスカスカすぎない適度な大きさを目指しましょう。

余白とあわせて意識したいのが黄金比です。黄金比は見栄えのよい図形を描く際に役立つ比率で、約1:1.6です。図解の囲みを描く際に縦横比が大体1：1.6になるように意識すると見た目の印象がよくなります。

縦横比に関しては、1：1.4という数字も覚えておきたいところです。これはコピー用紙の縦横比率の近似値です。

いちいちものさしで測る必要はありませんが、四角い図形を描く際は1：1.6もしくは1:1.4という縦横比率を基準にするといいでしょう。

第5章

議事録の作り方をマスターしよう

5-01

議事録の役割とは？

会議・打ち合わせの重要書類

▼会議・打ち合わせが終わったら議事録を作る習慣を付けよう

会議・打ち合わせの内容を記録した議事録は、決定事項を関係者間で共有するために必要な書類です。参加者が後から会議・打ち合わせの内容を振り返れるだけでなく、その会議・打ち合わせに参加できなかったメンバーも、議事録を読めば必要な情報を知ることができます。**決定事項を文字にして記録することで、担当者や期限、責任の所在などを明確にするのも議事録の重要な役割です。**

また、議事録は新人教育に役立つ資料でもあります。会議・打ち合わせの経験が少なくても、議事録を読む、もしくは作成することで、会議・打ち合わせの基礎や、その会社の文化など、いろんなことを学べます。特に、議事録の作成は議論の要点をつかむ力が求められるので、会議・打ち合わせスキルの向上にもつながるでしょう。

なお、議事録を作成するかしないかは会社や会議・打ち合わせの種類によって変わりますが、人数が多くなればなるほど、議事録の必要性は高くなるといえます。

議事録の役割

会議・打ち合わせの記録

議事録の最も重要な役割は、会議・打ち合わせの証拠を残すこと。どのような話し合いをして何が決まったのかを書面に残しておくことで、後々のトラブルを防ぐことができる

情報の伝達と共有

議事録は会議・打ち合わせの欠席者に情報を伝えるための資料でもある。そのため、参加していない人が読んでも正確に理解できるように作成しなければならない

新人の教育

議事録は新人教育に利用されることも多い。会議・打ち合わせに参加して議事録を作ると、会議の進め方だけでなく、その組織内での上下関係や部門間の連携などもよくわかる

議事録は会議・打ち合わせスキルの向上にも役立つ

5-02

議事録作成のポイントを押さえておこう

議事録の記載項目

▼議事録には何を書けばいい？

上司に提出するようなきちんとした議事録を作る場合、過去の議事録のフォーマットを参考にするのが一番簡単でしょう。

会社や会議・打ち合わせの種類によって議事録に記載する項目は多少異なりますが、**必ず記載すべき項目は、「日時」「場所」「参加者」「議題」「議事内容」「決定事項」です**。また、次回の開催日時が決まっている場合はそれも記載します。一般的なフォーマットでは、これらの他に、補足事項の欄や添付資料を記載する欄などが設けられています。

議事録の作成で最も難しいのは議事内容欄でしょう。会議・打ち合わせの要旨を記載する欄ですが、議論の要点がつかめていないと、何を書けばいいのか頭を抱えることになります。議事録の作成に慣れないうちは、参加したすべての会議・打ち合わせで、「この会議の議事内容をどうまとめるか」という意識を持つようにするといいでしょう。議事内容欄を短時間ですらすら書けるようになれば議事録作成の時間を大幅に短縮できます。

議事録の作成例

総務部定例会議 議事録 記録者：高田

日時	○月×日15時～16時	場所	第四会議室
参加者	総務部：吉田課長、田中、酒井、木村、山下、高田		

議題

社員旅行の行き先

議事内容

・候補地は沖縄（山下・高田）、熱海（酒井）、韓国（木村）、ハワイ（吉田・田中）

・各候補地の魅力と予算について検討

> 読みやすさを意識する。箇条書き形式で、一文を短くするとよい

決定事項

・行き先はハワイ
・旅行の準備は田中が担当。○月○日までにホテルを予約する

添付資料	
次回予定	○月×日16時～17時

その他補足事項

> 決定事項の他、これから実施すべき事柄があれば担当者や期限とあわせて記載する

5-03

議事録を必ず読んでもらうには

議事録が読まれない場合の対応

▼議事録を読まない人は意外と多い

同じテーマについて何度も話し合いを重ねる場合、欠席者が出ても、次の会議までに議事録を読んでもらえば次の会議・打ち合わせに悪影響は出ません。

しかし、議事録を渡したからといって、相手が読んでくれるとは限らないのが難しいところです。前回の会議・打ち合わせに参加していないにもかかわらず、議事録を読まない人が時々いるのです。特に、**会議・打ち合わせに参加する人の数が多くなるほど、当事者意識の薄いメンバーが多くなり、会議・打ち合わせが始まってから前回の議事録を取り出すような人が増えます**。自分が会議・打ち合わせを主催する立場だとしたら、これは頭の痛い問題です。

議事録を読ませるには、たとえば議事録を配布する際、「これを読んで感想を○日までに提出してください」と伝えるという方法が考えられます。あるいは、議事録を読んでこない参加者がいる前提で、会議・打ち合わせの最初に前回の内容を振り返る時間を設けるのもいいでしょう。

議事録が読まれないケースの対処法

議事録を読んでこない人がいると…

ごめんごめん、議事録読む
時間がなくってさ

会議・打ち合わせの効率が悪くなる

対処法は、議事録を読ませる工夫をするか、読まれない前提で開始するかの2つ

議事録を読ませる工夫

議事録を読ませるには、会議・打ち合わせの前に「この間渡した議事録読んだ?」と確認するのが一番簡単。また、「議事録を読んで感想を提出しなさい」というふうに課題にしてしまうのも手

読まれない前提で始める

議事録を読んでいない参加者が複数いる場合は、最初に5分～10分程度、前回の内容を振り返って確認する時間を設けるのがいい。効率の悪化を最小限に抑えられる

5-04

ホワイトボードの画像を添付する

デジカメ・スマホは優秀な記録ツール

▼会議の記録を画像で残す

議事録のクオリティを上げるために、ぜひ利用したいのがホワイトボードの写真です。会議・打ち合わせ中にホワイトボードを使って板書をしていた場合、**スマートフォンやデジカメでホワイトボードの写真を撮って議事録に添付すれば、議論の内容を伝える最良の資料になります**。

画像はメールでも簡単に送れますし、議事録では伝えにくい会議・打ち合わせ中の雰囲気を伝えられるのが大きなメリットです。

ホワイトボードの写真は、会議・打ち合わせのメモとしても使えます。短時間の会議・打ち合わせなら、話し合いの最中にメモをとっていなくても、あとからホワイトボードの写真を見返して議事録を作ることができるでしょう。

前述した通り、板書は会議・打ち合わせの効率を高める上でも非常に有効な手段なので、ぜひ実践してみてください。

議事録とホワイトボード画像

議事録の特徴

- ○ 情報を正確に伝えられる
- ○ 知りたい情報がどこにあるのかがわかりやすい
- × 作成に時間がかかる
- × 量が多いと読むのが手間

ホワイトボード画像の特徴

- ○ 雰囲気が伝わる
- ○ 撮影するだけで作成できる
- ○ 簡単にメールで送信できる
- × 文字が読みにくい
- × 内容がわかりにくい

議事録にホワイトボード画像をプラスすることで会議・打ち合わせの雰囲気が伝わる資料になる

5-05

会議・打ち合わせの結果をメールで伝える

メールで情報共有する際の注意点

▼「言わなくてもわかるだろう」は危険

簡単な会議・打ち合わせなら、必ずしも議事録を作成する必要はないでしょう。議事録を作るのは会議・打ち合わせの結果を確認・共有するためであり、その目的が達成できるならメールでも十分です。会議・打ち合わせが終わった後に、決定事項を記載した確認メールを送りましょう。

小規模な会議・打ち合わせで欠席者もいない場合などは、「わざわざメールする必要もないだろう」と考えがちですが、それはなるべく避けるべきです。**結果を確認・共有する作業を行わないと、会議・打ち合わせで決まったことを、他の参加者とは微妙に異なるニュアンスで理解していたり、うっかり忘れてしまったりする人が出てきてしまいます。**

「言った」「聞いてない」というやりとりが繰り返されるような不毛なトラブルもメールを一通送るだけで回避できるので、会議・打ち合わせ終了後のちょっとした手間を惜しまないようにしましょう。

会議の結果をメールで伝える際の注意点

基本事項をもれなく書く

議事録がない場合、情報伝達だけでなく、会議・打ち合わせ結果の記録という役割もメールが担うことになる。開催日時や参加メンバーなどの基本的な情報も書いておいた方がいい

短くまとめる

長文のメールがきたら、よほど重要なものでない限り、たいていの人は流し読みしてしまう。メールの本文は、基本情報をもれなく記載した上で、なるべく短くまとめるようにしよう

大事なことは最初に書く

会議・打ち合わせで決定した事柄など、重要なことは、なるべく本文の最初の方に書こう。本文の最後の方になればなるほど、読まれない可能性が高くなると考えておくべきだ

送信する前に見直し

メールを作成したら送信ボタンを押す前に必ず本文を読み直そう。数字が1桁間違っていた……というようなことはよくある。また誤字・脱字レベルの間違いでも、相手に悪い印象を持たれてしまう

**必要な情報を簡潔にまとめるのが基本！
送信する前には必ず見直しを！**

5-06

「共有フォルダ」を使いこなそう

共有フォルダを作るメリット・デメリット

▼共有ファイルのバージョンに注意

会議・打ち合わせの結果や進捗情報を共有するために、共有フォルダを作るのも便利です。共有フォルダに会議資料やスケジュールをアップロードし、メンバーがログインして参照できるようにしておくのです。特に、**参加人数の多いプロジェクトでは、共有フォルダがあると連絡の手間が省け、情報共有がスムーズになります**。

共有フォルダで資料を共有すれば、「紛失した」「自宅に置いてきてしまった」というミスが起きませんし、会議・打ち合わせ中にタブレット端末等で同じ資料を見ながら議論をすることも可能です。アップロードしたファイルの修正などもすぐに行えるため、スケジュールが細かく変動するようなケースでも対応できます。ただし、ファイルに修正を加える場合はバージョン違いのファイルが混在しないようにしましょう。

また、当然ながら情報流出にも気をつけなくてはいけません。機密性の高いデータを扱う際は、ダウンロードを禁じ、閲覧しかできないようにするなど、細心の注意が必要です。

共有フォルダを活用しよう

共有フォルダを作ると情報共有が楽になる

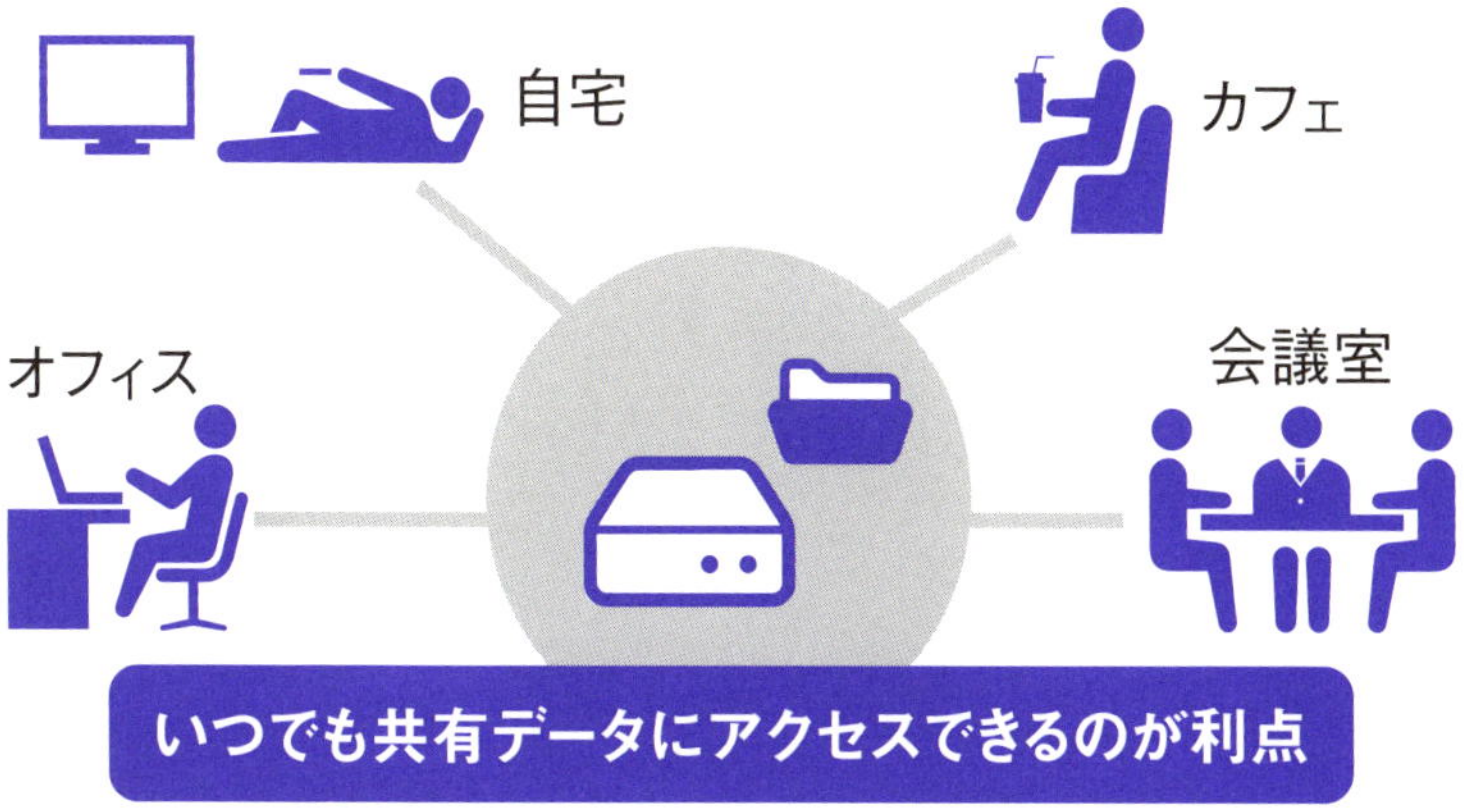
自宅
カフェ
オフィス
会議室
いつでも共有データにアクセスできるのが利点

共有フォルダ利用時の注意点

情報流出

共有フォルダを利用する際はセキュリティに十分気をつけよう。無料のネットサービスなどを使うのは控え、場合によっては管理者以外は閲覧のみにした方がいい

データの変更

共有フォルダのデータは常に最新にしておくべし。共有データを自分のパソコンにコピーして修正した場合、忘れずに共有フォルダに上書きしておこう

コラム

ボイスレコーダーには頼りすぎないように

議事録を作成するために、会議の内容をすべて録音し、後で発言をすべて書き出すという方法もありますが、一般的な会議・打ち合わせではおすすめできません。その理由は時間がかかりすぎるからです。録音した音源をすべて文字に起こす場合、30 分ほどの音源でも最低 1 時間以上はかかってしまうでしょう。

議事録作成に慣れていない場合などは不安から発言を録音したくなるものですが、ボイスレコーダーに頼りすぎると議事録作成のスキルもアップしません。

ボイスレコーダーはあくまでも保険と考え、会議中のメモだけで議事録を作るようにした方がいいでしょう。記憶が曖昧な部分は他の参加者に確認すれば問題ありません。

ボイスレコーダーがないと議事録が作れないという人は、議事録作成の経験値やメモの取り方に問題がある可能性が高いといえます。

議事録の作成を任されていない場合も、「この会議の議事録を作るとしたら……」と考えながらメモをとる習慣をつければ、すぐに録音なしで議事録を作れるようになるはずです。

第6章

会議・打ち合わせのトラブルシューティング

6-01

会議・打ち合わせでよくあるトラブルとは？

頻出トラブルの対応策

▼会議・打ち合わせのトラブルにどう対応するか

何人もの人間が集まって話し合う会議・打ち合わせでは、さまざまなトラブルが起こります。たとえば開始時間に遅刻してくる人がいたり、関係ない話ばかりする人がいたりと、会議・打ち合わせの進行を妨げる参加者はどこにでもいるものです。議論がヒートアップして参加者同士が険悪なムードになる……なんていうケースも珍しくありません。

また、会議・打ち合わせがマンネリ化して、ちっともいいアイデアが出てこない……という悩みもよく聞きます。これも広い意味ではトラブルといえるでしょう。

会議・打ち合わせの効率を上げるには、これらの厄介なトラブルに上手に対応しなくてはいけません。**対応の仕方を間違えれば、会議・打ち合わせが台無しになってしまう可能性もあります**。

１７６ページから、多くの人を悩ませる会議・打ち合わせのトラブルパターンを紹介します。それぞれへの対応策を考えていきましょう。

会議・打ち合わせのトラブル

会議・打ち合わせではさまざまな問題が発生する

参加者が雑談ばかりする
予定した時間に終わらない
だれも発言しない
マンネリムードが漂っている
参加者にやる気がない
みんなが上司に気をつかいすぎる
参加者が遅刻してくる
相性の悪い相手がいる
上司がひとりで全部決めてしまう
いいアイデアが出ない

トラブルを解決できるか否かで
会議・打ち合わせの効率が大きく変わる

6-02

話が横道にそれる

おしゃべり好きな人の扱い

▼発言の交通整理を行う人が必要

おしゃべり好きな参加者が、本題と関係ない話をし始めて議論が横道にそれてしまうのは、いろんな会議・打ち合わせでよく見られるケースです。特に、仲間内で行うカジュアルな会議・打ち合わせほど無駄話が多い傾向にあるといえるでしょう。ちょっとした雑談なら議論を盛り上げる潤滑油になりますが、頻繁に無駄話をされると本題の議論に費やす時間がなくなってしまいます。

意味のない雑談が始まった場合は、だれかがその都度それた話を本題に戻す役割をつとめなくてはいけません。議論の交通整理を行う人がいない場合は、自分が話をリードして雑談をうまく本題につなげましょう。

また、ダラけた雰囲気のせいで無駄話が多くなっているならば、メンバー選考から考え直す必要があるかもしれません。本題の議論に集中できるメンバーしか呼ばなければ、無駄話はなくなりますし、厳しい上司を参加メンバーに加えるのも有効な手段です。

横道にそれた話の戻し方

さりげなく本題に戻すのがベスト

うまく本題につなげる

「そうそう、○○といえば～」という感じで本題につなげるのが、一番上手な話の戻し方といえる。流れを止めずに雑談から本題へ移行できる

率直に伝える

「話を本題に戻しましょう」とストレートに伝えるのも悪くない。この一言を言う人がいるかいないかで、雑談の時間が大きく変わる

注意するときは軽い感じで

雑談の多い人に対して真剣に注意すると場の空気が悪くなる可能性がある。「雑談が多いですよ」といったセリフは笑顔で、軽いニュアンスで言った方がよい

怒ると議論に悪影響が出る

根本的に問題がある場合も…

参加者が会議・打ち合わせの目的を理解していなかったり、議題に興味を感じていなかったりすると、雑談が多くなる。雑談が多い場合は、会議・打ち合わせのやり方や議題の設定に問題がないかもチェックしよう

6-03

予定した時間に終わらない

会議を終了させる進行テクニック

▼ダラダラ会議は時間の無駄

会議・打ち合わせが長引いて時間通りに終わらない、というケースも多くの人が経験したことがあるはずです。会議・打ち合わせの効率アップを考えた場合、終了時間通りに終わるのは重要なポイントのひとつになります。

会議・打ち合わせの主催者であれば、**最初に終了時間と各テーマにさく時間を参加者に明確に伝えておくのが、会議・打ち合わせを長引かせないための基本です**。進行スケジュールが決まっていれば、ひとつの行程が長引いても次の行程で帳尻を合わせられます。また、終了時間を厳守するのも重要です。なるべく時間内に結論を出すようにし、どうしても無理な場合は次回の会議・打ち合わせに持ち越すという選択肢も考慮しましょう。終了時間をきちんと守ることで、「終了時間は形だけのもの」という参加者の意識が変わってきます。

あらかじめ、会議・打ち合わせのあとに予定が入っていると伝えておくのも、参加者の意識を高める方法として有効でしょう。

時間内に会議・打ち合わせを終わらせるには?

時間に対する参加者の意識を高めることが重要

進行予定表を配布する

進行スケジュールを参加者全員に知らせることで、予定通りに進めようという気持ちを強められる

15:00	開始
15:00～16:00	意見出し
16:00～16:30	検討
16:30～17:00	まとめ
17:00	終了

残り時間を意識させる

「あと30分で会議終了です」と声に出して終了時間を意識させる。「残り10分か」などとつぶやくだけでもよい

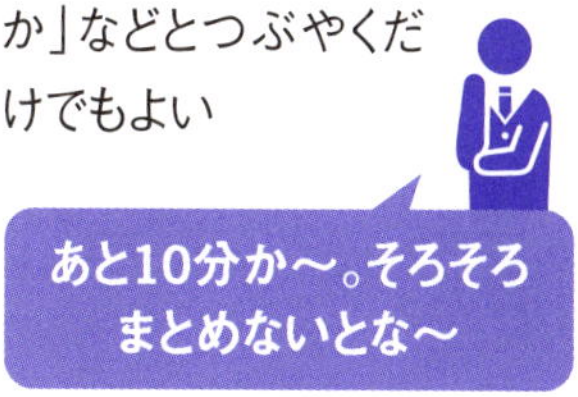
あと10分か～。そろそろまとめないとな～

大きな時計を置く

会議室に目立つ形で時計を置く。終了時間10分前にアラームをセットするなどすればより効果的

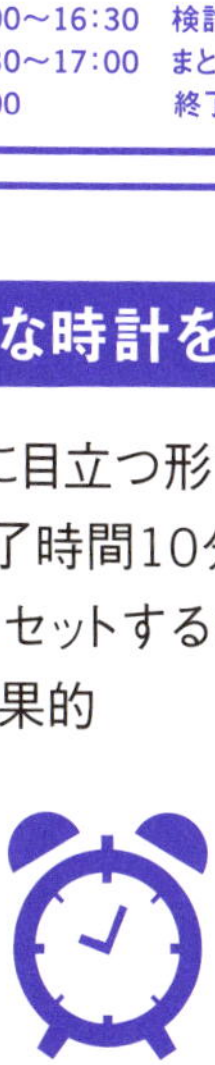

終了時間を厳守する

安易に終了時間を延ばすと、時間厳守の意識が薄れてしまうため、事前に設定した終了時間を厳守する。どうしても結論が出ない場合は次回に持ち越すようにすれば、「終了時間は絶対的なもの」という意識が生まれる

6-04

参加者が発言しない

しゃべらない人への対応

▼原因を探って対処する

参加者が発言しない会議・打ち合わせほど意味のないものはありません。参加者の発言を引き出すには、まず沈黙の理由を考えるべきです。**なぜ発言しないのか、その理由がわからなければ根本的な対処にはつながりません**。

沈黙の理由が消極的な性格ややる気のなさからきている場合は、積極的に話を振るのが一番簡単な対処法です。もちろん、場合によってはメンバー選考から考え直す必要があります。また、頭の中で考えている時間が長くて発言が少なくなっている場合は、焦らずにしばらく待って、意見をまとめる時間を与えるのがいいでしょう。黙っているより話している方が考えがまとまるタイプもいるので、とりあえず話を振って、話しながら考えをまとめさせるのも手です。

また、他の人と同じ意見だから発言しない、という人もいます。この場合は賛成の意思さえ確認できていれば、特に何もする必要はありません。

参加者が発言しない場合の対処法

発言しない理由によって対処法が異なる

消極的な性格

消極的な人は自分から発言する回数が少ないが、しっかりした意見を持っている。何度も話を振って、自分の意見が求められているということに気づかせよう。だれでも自由に発言できる雰囲気を作ることも大切

やる気がない

やる気がない参加者は、放置しておくと何もしない。どんどん話を振って発言させないと会議・打ち合わせに参加している意味がなくなってしまう

考えをまとめている

考えをまとめるのに時間がかかるタイプの参加者には、十分な時間を与えるのがベスト。とりあえず話を振って、対話をしながら意見をまとめさせるのも有効

他の参加者と同じ意見

「他の参加者と同じ意見だから発言しない」という参加者に対しては、特に何もする必要がない。ただし「たぶん他の参加者と同じ意見なのだろう」という推測だけで放置するのではなく、同じ意見であることを確認すべきだ

6-05

マンネリムードが漂っている

新しいやり方を試すチャンス

▼いつものやり方を変えてみる

会議・打ち合わせがマンネリ化して、成果が上がらなくなった場合は、どのように対応すべきでしょうか。

マンネリを打破するためには、何かを変える必要があります。**会議・打ち合わせなら、「環境を変える」「議題を変える」「メンバーを変える」「やり方を変える」という4つが現実的な対応策となるでしょう。**一番簡単にできるのは、環境を変えることです。会議室に花を飾ってみたり、静かなＢＧＭを流してみたりと、いろいろ試してみてください。

また、どうしても成果が上がらない場合は、その会議・打ち合わせがそもそも必要なのかを考えてみる必要があるでしょう。本来はメール連絡ですむような内容なのに慣例的に開かれている会議・打ち合わせも少なくありません。このような会議・打ち合わせでは、参加者のやる気を引き出すのは困難です。マンネリが打破できない場合は、いっそやめてしまうというのも賢い選択肢です。

マンネリ会議・打ち合わせの対処法

マンネリを打破するには何かを変えなくてはならない

環境を変える

場所を変える、昼開催の会議を夕方開催に変更するなど、いつもと違う環境を作る

議題を変える

参加者がやりがいを感じられるような議題・目標を設定できれば、やる気が高まる

メンバーを変える

やる気のない参加者を入れ替える。やる気のある参加者だけを集める

やり方を変える

参加者の意見をカードに書いて投票させるなど、いつもと違う方法を試してみる

6-06

特定の人ばかりがしゃべる

平等に発言時間を与えるコツ

▼話を引き取ってみんなにパスを出す

特定の人ばかりがしゃべるという状況は、多くの場合、司会役がいないか、いても機能していないのが原因です。だれかがしゃべりすぎて進行に悪影響を与えている場合は、**その人の話をいったん肯定して受け止め、他の人に話を振るようにしましょう**。「なるほど。それはたしかにそうだよね。Bさんはどう思う？」という感じです。

ただし、発言が多い人は会議・打ち合わせに好影響を与えてくれる存在でもあるので、むやみに話をさえぎるのはおすすめできません。よくしゃべる人がムードメーカーになっていたり、実質的な司会役になったりしているケースは多く、その場合は気持ちよくしゃべらせて進行をリードしてもらった方がスムーズに進みます。

特定の人の発言量が多くても一通り全員の意見が聞けていれば問題ありません。相手が何も考えずにしゃべっているのか、全体に気を配りながらしゃべっているのかを見極めることが大事です。

よくしゃべる人への対処法

**特定の人ばかりがしゃべっていて
他の参加者が発言しない場合は…**

話を引き取って他の参加者に振るのが有効

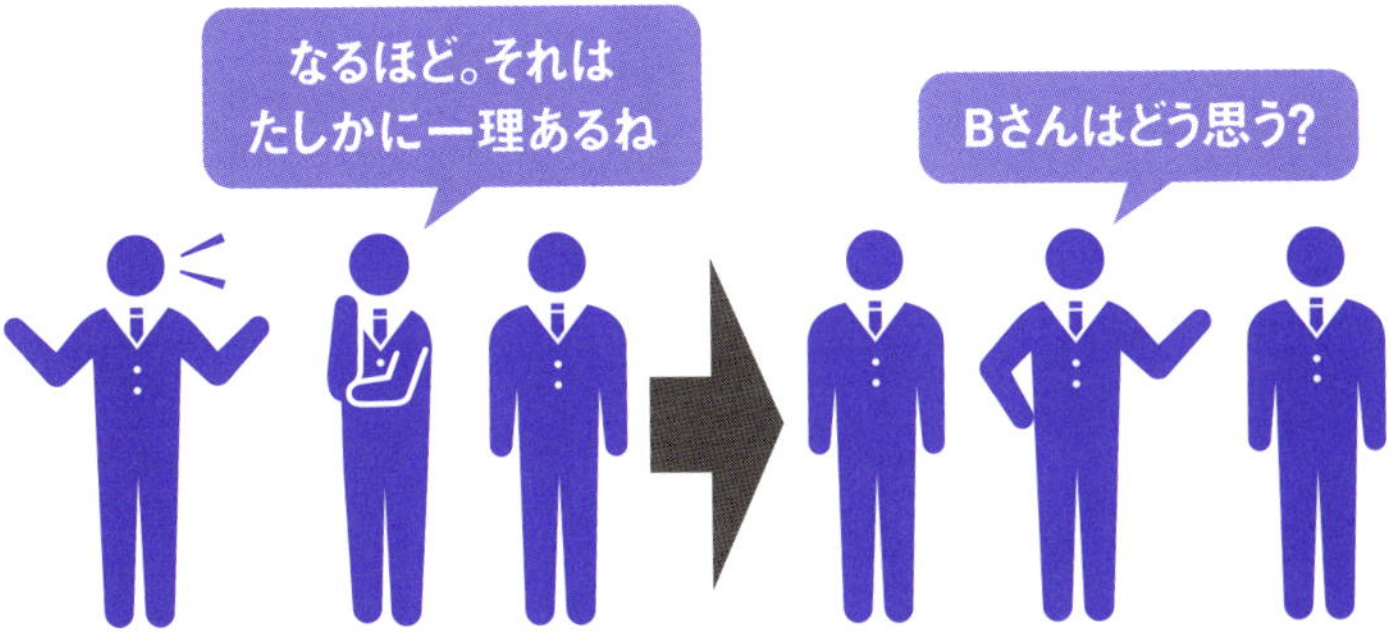

意見を否定しない

話を引き取る際は、肯定するのが原則。否定してしまうと、相手はこちらを納得させるために、さらにしゃべろうとする。相手の意見をしっかり聞いて肯定してから他の人に話を振ろう

長所を活かすのも大事

よくしゃべる参加者が会議・打ち合わせの潤滑油になることは多い。他の参加者の発言時間を多少奪っていても、気持ちよくしゃべらせておいた方が結果としてうまくいく場合もある

6-07

やる気のないメンバーがいる

やる気が出ない会議・打ち合わせ

▼会議・打ち合わせのやり方に問題はないか？

参加者のモチベーションが低いと、会議・打ち合わせの内容も当然よいものにはなりません。**やる気のない参加者がいる場合、まず会議・打ち合わせのやり方に問題がないかを考えてみるべきです**。

たとえば特定の人の意見が重視され、他の参加者の意見が軽視されるような会議・打ち合わせだと、参加者のやる気は失われます。前提として、参加者全員が自由に発言でき、意見が平等に評価される会議・打ち合わせでなくてはいけません。また、会議・打ち合わせの議題設定に問題がある場合もあります。

もちろん、会議・打ち合わせのやり方に問題がないのにモチベーションが低い人はいます。そういった場合の対策として簡単なのは、役割を与えることです。人はやるべきことがあると責任感が生まれ、その役割に集中します。この方法は参加者に当事者意識がない場合に特に有効です。書記係や司会進行役など、なんでもいいので役割を与えましょう。

やる気が出ない会議・打ち合わせの例

**参加者のモチベーションが低い原因は
会議・打ち合わせのやり方に問題がある可能性が高い**

意見を聞いてもらえない

特定の人の意見が重要視され、他の参加者の意見が軽視される会議・打ち合わせは最悪。参加者が「自分の発言をちゃんと評価してもらえない」と感じたら、いい会議・打ち合わせにはならない

議題の重要性が低い

会議・打ち合わせの議題は参加者のやる気に大きな影響を与える。参加者のやる気を煽るなら、同じ議題でも、事務的な表現ではなく、なるべくやりがいを感じられるような表現にしたい

時間が長すぎる

会議・打ち合わせの時間が長いと参加者の集中力が切れてダラダラした雰囲気になる。会議・打ち合わせが長時間にわたるときは適度に休憩を挟むか、2回にわけるなどした方がいい

戦力になれない参加者がいる

知識不足、経験不足などが原因で、会議・打ち合わせの戦力になれないと感じている参加者はモチベーションが低下しやすい。そういう相手には、どのような形で貢献してほしいかを伝えるとよい

6-08

参加者が上司を恐れている

自由に発言できる方式を試す

▼無記名投票のメリットとは？

参加者が上司を恐れて萎縮している、というのもダメな会議・打ち合わせによくあるパターンです。忌憚のない意見を言うと上司に睨まれるような雰囲気では、参加者は無難な発言しかできなくなります。とはいえ上司を参加メンバーから外すわけにもいかず、悩んだ経験がある人はきっと多いでしょう。

解決策のひとつとして提案したいのは、無記名投票の導入です。**会議・打ち合わせの最初に無記名で各々の意見を書いたカードを集め、それについて議論していく形にすれば、上司の目を恐れず自由に意見できるようになります。**

無記名投票には全員の意見をもれなく集め、発言者に関係なく意見を評価できるという利点もあります。部長の意見も新入社員の意見も、先入観なく同じように評価できるのです。マンネリ回避の方法としても使えるので、従来のやり方に行き詰まりを感じている人もぜひ一度試してみてください。

無記名投票のメリット

自由な意見を述べやすくなる

だれが言ったかわからないので、他人の顔色をうかがう必要がなく、自由に意見を言うことができる

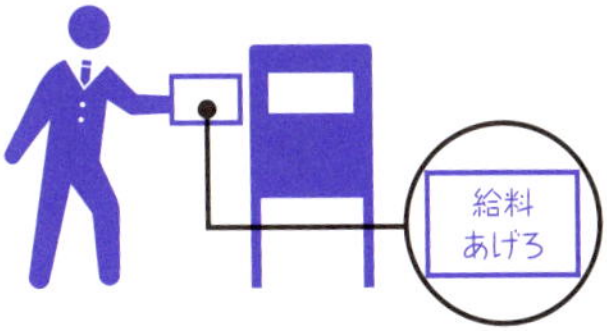

全員の意見をもれなく集められる

全員に意見を投票してもらえば、全員の意見をもれなく集められる。意見を聞き忘れることがない

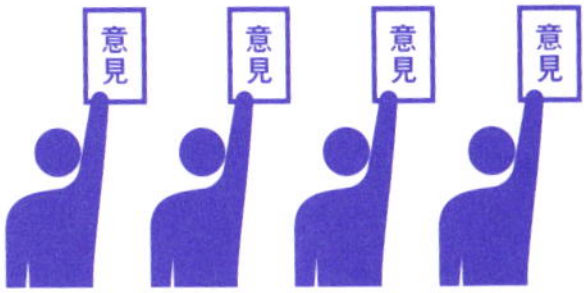

意見を平等に評価しやすくなる

発言者がわからない状態で意見だけを見ることになるので、全員の意見を平等に評価できる

上司のせいで参加者が萎縮している場合は無記名投票で意見を集めてみよう

6-09

遅刻してくる参加者がいる

遅刻者への対応

▼時間厳守の意識を持たせるには？

会議・打ち合わせは、忙しい参加者たちを集めて行うものですから、遅刻してくる人が出るのは仕方ない面があります。

しかし、「気の緩みが原因の遅刻はゼロにしたいところです。

参加者に時間厳守の意識を持たせるには、開始時間に全員揃っていなくてもかまわず会議・打ち合わせを始めてしまうのがいいでしょう。みんなが真剣に話し合っているなか、途中から入ってくる気まずさが遅刻の罰になりますし、時間通りに集まった参加者の時間を無駄にしないですみます。

また、遅刻してきた人が、会議・打ち合わせですでに決まったことに対して異議をとなえても、よっぽどのことがない限り聞く必要はありません。「それはもう決まったことだから」と押し切ってしまいましょう。議論に参加していない人が後からあれこれ言いだすのを許すと話がまとまらなくなります。

遅刻者を待たずに会議・打ち合わせを始めよう

遅刻者を待っていると…

- 会議・打ち合わせの開始が遅れる
- 遅刻が許される雰囲気が生まれやすい

遅刻を待たずに始めた方が時間に対する意識が高まる

6-10

自分と相性の悪い参加者がいる

ソーシャルスタイルで相手への対応を考える

▼相手の性格を分類して対応する

会議・打ち合わせの参加者の中に苦手な人がいる……、そういうときにぜひ参考にしてほしいのが「ソーシャルスタイル」です。

ソーシャルスタイルとは、自己主張の強さと感情表現の強さをもとに人のコミュニケーション傾向を4タイプに分類したもので、苦手な相手との接し方を考える上で役に立ちます。4タイプの特徴は次の通りです。

①ドライバー（自己主張・強、感情表現・弱）…効率よく行動したい「合理主義者」タイプ
②エクスプレッシブ（自己主張・強、感情表現・強）…ノリのいい「ムードメーカー」タイプ
③エミアブル（自己主張・弱、感情表現・強）…協調性が高い「いい人」タイプ
④アナリティカル（自己主張・弱、感情表現・弱）…物事を慎重に進める「冷静沈着」タイプ

苦手な相手がどのタイプに分類されるかを考えて対応すれば、会議・打ち合わせにおいて、相手をうまく説得したり、より多くの意見を引き出したりできるようになるでしょう。

4種類のソーシャルスタイル

縦軸：自己主張（上：強／下：弱）
横軸：感情表現（左：弱／右：強）

ドライバー

自己主張が強く、感情表現は弱い。「早口」「冷静」「負けず嫌い」などの特徴があり、合理性を重視する。命令に従うより、自分主導で動ける状況で力を発揮する

エクスプレッシブ

ノリを重視する明るいタイプで、自分の意見をはっきり言う。流行りものや新しいものが好きで、他人から注目されるのも好き。また、理屈より感情論を好む傾向がある

アナリティカル

冷静沈着で几帳面。石橋を叩いて渡りたいタイプで、あらゆる情報を集め、じっくりと戦略を練ってから行動する。目標達成のためなら地道な努力をいとわない

エミアブル

他人との衝突を嫌う温厚な平和主義者で、いつもチームの和を乱さないように行動する。チーム全員の意見を重視するので、優柔不断に見られることもある

6-11
上司がひとりで全部決めてしまう
自己主張の強い上司への対応

▼問題点をそれとなく伝える

会議・打ち合わせでいろいろ意見が出ても、最後は結局上司がなかば強引に自分の意見を押し通してしまう……。自己主張が強すぎる上司の存在も、会議・打ち合わせを非効率的なものにしてしまう要因になります。

こういうケースでは、問題になっている上司と話をして解決するのが一番いいでしょう。とはいえ、ストレートに上司を批判するような物言いは厳禁です。自己主張の強い上司を敵に回すと非常にやっかいなことになります。**あくまでも「自分たちに非がある」というニュアンスで相談するのです**。

たとえば「部長がいると、みんなが頼り切って会議で自分の意見を言わなくなるので困ってしまいます。何かいい手はないでしょうか？」という感じで相談してみれば、次の会議には自分はあえて参加しないとか、発言を控えめにするとか、何かよい案を出してくれるはずです。

参加者の意見を無視する上司

**ひとりで全部決めてしまう上司には
直接話して問題点を伝えるしかない**

最近、会議に関して
悩んでいることがありまして…
上司を否定せず
悩み相談の形で伝える
のがポイント

こんな言い方で相談しよう

- みんなが部長に頼りすぎて自分の意見を言わないんです
- もっと他の参加者の発言を引き出したいのですが…

こんな言い方は上司の反感を買う可能性がある

- もうちょっと他の参加者の意見を聞いてくれませんか?
- 次の会議は参加していただかなくても大丈夫です

6-12

準備をしてこない参加者がいる

準備しない参加者への対応

▼最初に全員の意見を聞く

毎回、真剣に会議・打ち合わせに取り組んでいる人には信じがたいことかもしれませんが、何の準備もせずに会議・打ち合わせに参加する人は少なくありません。事前に渡された資料を読んでこない、自分の意見がまとまっていない……、こういった参加者が多いと、当然ながら会議・打ち合わせの質は下がります。

準備をしてこない参加者が多いと感じる場合は、会議・打ち合わせのやり方を工夫してみてはどうでしょうか。**たとえば、会議・打ち合わせの最初に、参加者全員が順番に自分の意見を述べる時間を設けるのです**。

準備をせずに会議・打ち合わせに参加する人は、「会議・打ち合わせが始まってから資料を読んで考えれば大丈夫」と思っています。しかし始まってすぐに自分の意見を言わなくてはならないとなれば、ノープランで挑むことはできないでしょう。あらかじめ資料を読んで、自分の意見をまとめてから参加するようになるはずです。

会議・打ち合わせの準備をしてこない参加者

質の高い会議・打ち合わせを行うには…

参加者全員が
- 資料を読む
- 自分の意見をまとめる

といった準備をしておく必要がある

▼

参加者が準備をしてこない場合は会議・打ち合わせの
最初に「全員に意見を聞く」のが有効

**最初に意見を述べることがわかっていれば
準備せざるをえなくなる**

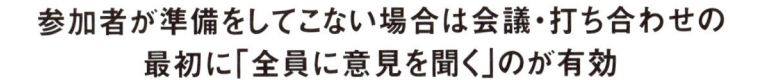

6-13

よいアイデアが出ない

オズボーンのチェックリスト

▼アイデア発想法を利用する

「よいアイデアが出ない」というのは、会議・打ち合わせにおける永遠の課題といえるでしょう。アイデアが思い浮かばず、参加者がみんな頭を悩ませているとき、どのように対処すべきでしょうか。

その答えのひとつは、アイデア発想法の活用です。アイデア発想法はよいアイデアを生み出すためのフレームワークで、さまざまな種類があり、アイデアをひねり出すためのとっかかりを与えてくれます。

たとえば、「オズボーンのチェックリスト」です。これは**「転用」「応用」「変更」「拡大」「縮小」「代用」「置換」「逆転」「結合」という9つの視点からアイデアを考えるフレームワークで、商品案、イベント案など何にでも使えます**。

9つの切り口から考えるだけなので、オズボーンのチェックリストを知らない参加者がいても問題なく利用できるのも大きな利点です。

オズボーンのチェックリスト

9つの視点でアイデアを考える

転用
新しい使い道はないか?

応用
既存のアイデアを
使えないか?

変更
形や色、機能などを
変えられないか?

拡大
大きくできないか?
何か加えられないか?

縮小
小さくできないか?
何か削れないか?

代用
別のもので代用できないか?

置換
入れ替えてみたら?

逆転
逆にしてみたら?

結合
何かと組み合わせてみたら?

アイデアを生み出す
切り口を与えてくれる

6-14

批判ばかりする参加者がいる

ネガティブ発言への対処法

▼反論はしっかり受け止めて建設的な意見につなげる

会議・打ち合わせでアイデアを出し合っているとき、人の意見にダメ出しばかりする人がいるとやっかいです。せっかく出した意見を何度も否定されると、アイデアを出した人のテンションはどうしても下がってしまいますし、発言しにくい雰囲気になる場合もあります。

しかし、ダメ出しを適当に聞き流したり、「ネガティブな意見はやめましょう」などと注意したりするのはおすすめできません。そういう対応をすると、相手は「自分の言いたいことが伝わっていない」と感じ、否定的な意見をさらに強く主張します。**否定的な意見に対しても、うなずいたりあいづちを打ったりしながら、しっかりと聞く姿勢を示しましょう**。その後に「なるほど。ではその問題点を踏まえてどうすればいいか考えましょう」などと言ってアイデア出しを再開すれば大丈夫です。

批判的な意見を言った人に対して代案を求めるという手もありますが、これはケースバイケースです。相手が代案を持っていなそうな場合は聞かない方がいいでしょう。

批判ばかりする参加者にはどう対応すべきか

批判ばかりする参加者がいると
会議・打ち合わせに悪影響が出る可能性がある

しかし、批判的な意見を無視すると…

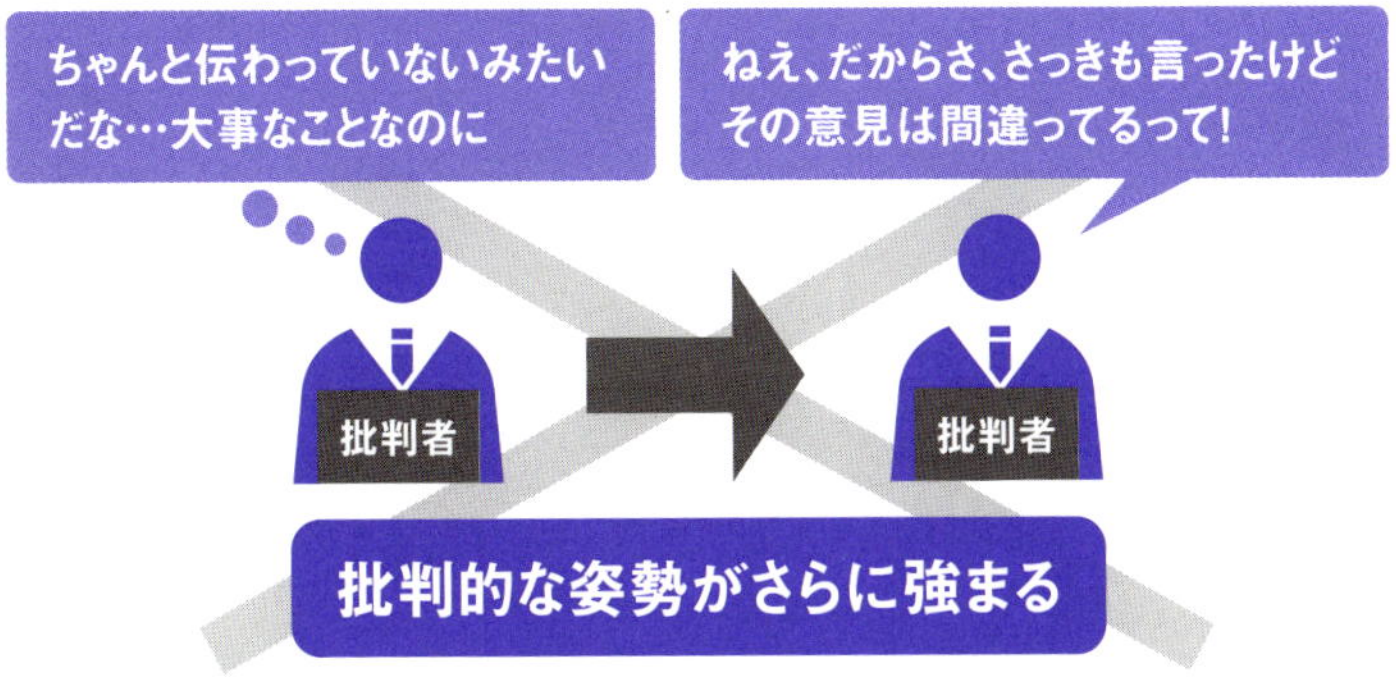

批判をひとつの意見として受け止めて
建設的な意見につなげるのが最善策

6-15

知らない用語が出てきた

聞き慣れない用語への対応

▼わからなければすぐ聞く

会議・打ち合わせの最中に、話についていけなくなった経験はないでしょうか。

入社間もない新人で、経験を積むためにとりあえず会議・打ち合わせに参加させられているという状況なら、話の内容がわからなくてもそれほど問題はありません。しかし、会議・打ち合わせの戦力として期待されているにもかかわらず、話についていけないのは問題です。もちろん、テーマについてあらかじめ情報を集めておくのは当然ですが、十分な予備知識があっても、たとえば聞いたことのない横文字が出てきた場合などに、話の流れを見失うことがあります。

こういう場合は積極的に質問しましょう。それで話の流れを止めてしまったとしても、わからないまま進行するよりはマシです。議題に関する知識があるにもかかわらず理解できない場合、他にもわかっていない人がいる可能性が高いですし、わからないことを積極的に質問する姿勢は、自由に発言できる雰囲気を作ることにもつながります。

知らない言葉が出てきた場合

わからなければその場ですぐに聞こう
曖昧な理解では正確な議論ができない

ガバナンスの強化は重要課題だし、プロパー社員に対する考え方も変える必要があると思うんだよね
すいません。言葉の意味がわからないのですが…

だれかが質問することで、他の参加者もその言葉の意味を確認できる

十分な知識を持っていることが前提

積極的な質問は、自分が十分な知識を持っていることが前提。知っていて当たり前のことを何度も聞くと、会議・打ち合わせの流れが悪くなってしまう

コラム

椅子を用意しない「立ち会議」で効率アップ

会議・打ち合わせのやり方は人や会社によってさまざまで、「これが正解！」というものはありません。

自分がこれまでやってきた形にとらわれず、少し変わった会議・打ち合わせの方法を試してみるのも面白いものです。常に新しいやり方を模索することも、会議・打ち合わせの生産性を高める上で重要なポイントといえます。

そういう意味でぜひ一度試してみてほしいのが、「立ち会議」です。椅子を用意せず、背の高いデスクを中心に立ったまま話し合うスタイルです。

立ったまま会議・打ち合わせを行うと、「早く終わらせよう」という意識が高まるので、無駄話がなくなり、時間短縮が見込めます。この方法なら会議・打ち合わせ中に居眠りする人も出ません。

また、パッと集まって気楽な感じで開始することができるので、ざっくばらんな意見が出やすいスタイルともいえるでしょう。

長時間話し合うには向かない方法ですが、簡単なテーマについて少人数で話し合う場合にはとても効果的です。

第７章

終了後は反省点をチェックして次回に活かす

7-01

同じ失敗を繰り返さないためには

ダメだったところをつぶしていく

▼チェック&改善を繰り返してレベルアップ

会議・打ち合わせが終わったら、その内容を振り返り、よかった点と悪かった点をチェックするクセをつけましょう。そして、悪かった点に関しては、どうしたらもっとよくなるか、改善方法を考えます。

このプロセスは、会議・打ち合わせがうまくいかなかったときこそ重要です。会議・打ち合わせがうまくいかなかったにもかかわらず、失敗の原因を特定しないまま次を迎えると、同じ失敗を繰り返す可能性があります。

会議・打ち合わせの反省は、ＰＤＣＡでいうところのCheck（評価）とAction（改善）です。いつまでたってもダメ会議がなくならないのは、改善のためのプロセスが欠けているからではないでしょうか。

十分に計画を練って準備し、会議・打ち合わせを行ったら必ず反省と改善を行う。これを繰り返せば、会議・打ち合わせの質は徐々に上がっていくはずです。

PDCAで会議・打ち合わせの質を上げる

会議・打ち合わせが終わったら「評価」して「改善」する

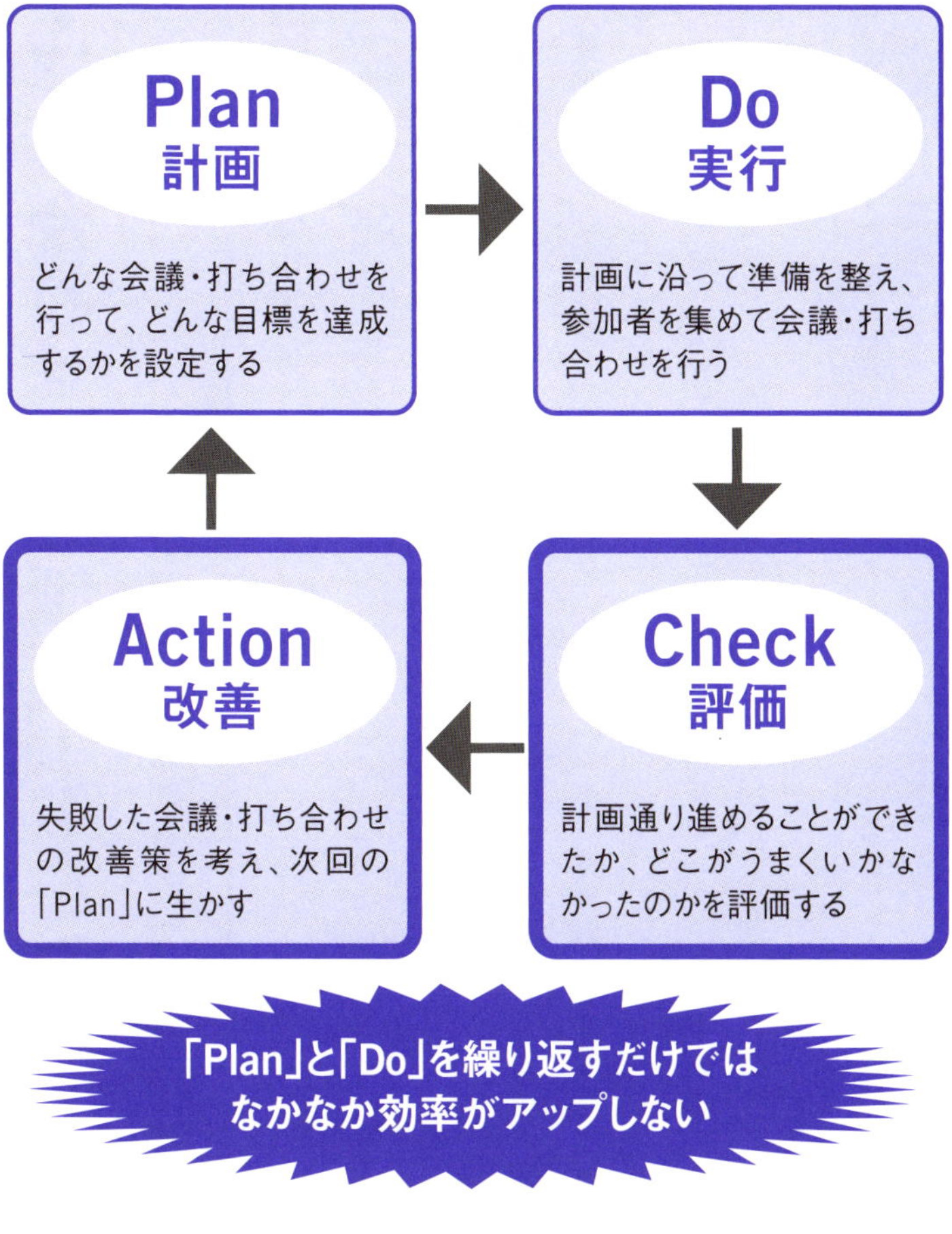
Plan
計画
どんな会議・打ち合わせを行って、どんな目標を達成するかを設定する
Do
実行
計画に沿って準備を整え、参加者を集めて会議・打ち合わせを行う
Check
評価
計画通り進めることができたか、どこがうまくいかなかったのかを評価する
Action
改善
失敗した会議・打ち合わせの改善策を考え、次回の「Plan」に生かす
「Plan」と「Do」を繰り返すだけでは
なかなか効率がアップしない

7-02

会議・打ち合わせの評価シートを作ろう

会議・打ち合わせのチェック項目

▼改善すべき問題点を把握する

会議・打ち合わせの反省点をチェックするために、チェック項目をまとめた評価シートを作るといいでしょう。毎回同じ項目をチェックすれば、改善した点、改善できていない点を把握しやすくなります。

評価項目は、会議・打ち合わせの種類や自分の役割によっても変わりますが、**「時間通りに進行したか」「雰囲気はよかったか」「よい発言ができたか」「よい結論が出たか」などは必ず押さえておきたいポイントです。**

また、「会議・打ち合わせで決まったことがきちんと実行されているか」も必ずチェックしましょう。会議・打ち合わせで新しい役割やルールを決めても、それが実行されなければ意味がありません。

自分ひとりの判断で評価するのが難しい場合は、他の参加者に会議・打ち合わせの感想を聞いてみるのもいいでしょう。

評価シートの例

【準備・開始段階】	評価(5点満点)
・議題の設定は適切だったか	□
・参加者の選定は適切だったか	□
・発言しやすい雰囲気を作れたか	□
【発散段階】	評価(5点満点)
・建設的な意見を言えたか	□
・参加者から多くの発言を引き出せたか	□
・会議・打ち合わせ中の雰囲気はよかったか	□
【収束段階】	評価(5点満点)
・意見をうまくまとめられたか	□
・よい結論が出たか	□
・参加者全員が結論に納得しているか	□
【終了段階・終了後】	評価(5点満点)
・時間通りに終了できたか	□
・会議・打ち合わせで決めたことが守られているか	□

**各項目について評価していけば
改善すべきポイントが見つかる**

7-03

無駄な会議・打ち合わせをなくそう

会議・打ち合わせを減らす工夫

▼2つの会議を1度ですませる

意味のない会議・打ち合わせをなくすことも、会議・打ち合わせの質を上げるのと同じくらい重要です。無駄な会議・打ち合わせがひとつなくなれば数時間の効率化になります。

用意された資料を読み上げるだけの報告会議や、よいアイデアがまったく出ないにもかかわらず毎週行われている定例の企画会議など、無駄が多い会議・打ち合わせは、なくしたり回数を減らしたりできないか考えてみましょう。ただし、**一見無駄な会議・打ち合わせに見えても、社内のコミュニケーション促進に一役買っていたりする場合があるので、廃止を検討する場合はそのあたりも考慮する必要があります**。

また、複数の会議・打ち合わせを1度にまとめて行うのも効率化につながります。会議・打ち合わせの時間が長くなりすぎると参加者の集中力が切れてしまうので気をつけなくてはなりませんが、1度の会議・打ち合わせで、2回、3回分の議題を話し合うことができれば理想的でしょう。

無駄な会議・打ち合わせを廃止する

こんな会議・打ち合わせは廃止を検討すべし

成果が出ない

成果につながらない会議・打ち合わせは、どこかに問題がある。本書を参考に改善を試みれば会議・打ち合わせの質は上がるはずだが、それでも成果が出ない場合は廃止を検討しよう

もっと効率のよい手段がある

情報を共有するだけなら、会議・打ち合わせではなく、メール連絡の方が効率的。ビジネスの目標を達成するために会議・打ち合わせがベストな選択肢かどうかを今一度確認しよう

2つの会議を1度ですませるという視点も大事

1回の会議・打ち合わせで2回分の議論ができれば時間の節約になる。無駄な会議・打ち合わせの廃止を検討するだけでなく、別々の会議・打ち合わせを連結することができないかも考えてみよう

見落とされがちな定例会議の効果

定期的に会議・打ち合わせを開くとコミュニケーションや情報共有が円滑になる。そのため、定例会議を廃止するとミスが増えたり社内の雰囲気が悪くなったりする場合があるので注意

7-04

さらに議論を深めるには

デビルズ・アドボケイトを試してみる

▼積極的に反論する

会議・打ち合わせの内容はそれほど悪くなかったけれど、もっと議論を活性化したい、もう一段階レベルを上げたい、というときに試してみてほしいのが「デビルズ・アドボケイト」です。**デビルズ・アドボケイトは、相手の発言に対して積極的に反論をぶつけ、議論を深める手法です。**意思決定型の会議・打ち合わせで選択肢の絞り込みを行うようなシーンでは特に有効な手法といえます。

デビルズ・アドボケイトを行う際には、相手を非難する口調にならないように注意しましょう。相手をバカにしたり挑発したりするのではなく、相手の意見を否定的な側面から一緒に検証するというスタンスです。また、相手の意見に反対した後には必ず代替案を述べるようにしましょう。批判だけを繰り返して相手から敵視されてしまうと困ります。

相手との関係性も重要です。目下の相手に対する反論は、相手を萎縮させてしまう場合があるので慎重に行わなくてはなりません。

デビルズ・アドボケイト

**意図的に反論をぶつけることで
否定的な視点から意見の穴をチェックし、
議論を深めることができる**

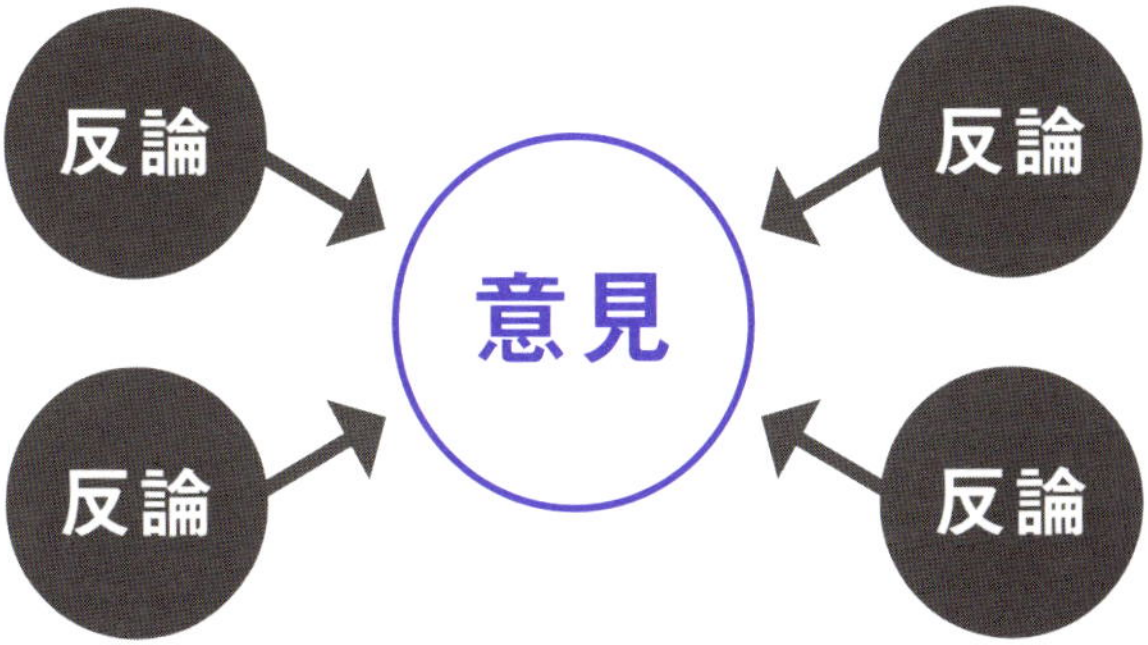

デビルズ・アドボケイトのフレーズ例

- それはちょっと違うんじゃないですか?
- でも、うまくいかない可能性もありますよね?
- その理論があてはまらないケースもありますよね?
- その意見は魅力的ですけど欠点もありますよね?

**相手の意見を否定した後は
代わりのアイデアを出そう**

7-05

モバイル機器を活用してみよう

ノートパソコンやタブレットを最大限に活かす

▼状況にあわせて活用しよう

会議・打ち合わせの効率をもっとよくしたいという場合は、スマートフォンやノートパソコン、タブレットといったモバイル機器を積極的に活用してみてはどうでしょうか。

スマートフォンは多くの人が持っていて、インターネットで簡単に調べ物ができるのが利点です。タブレットはスマートフォンより画面が大きいため、Ｗｅｂ検索はもちろん、資料の閲覧も快適に行えます。ノートパソコンはＷｅｂ検索や資料の閲覧に加えて、パソコン用ソフトを使えるのが利点といえるでしょう。Ｗｅｂ検索だけならスマートフォンで十分ですし、資料閲覧にはタブレットが向いています。Microsoft Officeなどのソフトを使いたいなら、ノートパソコンがあった方が便利です。

ただし、モバイル端末にはデメリットもあります。**モバイル機器を利用している間は議論に参加していないような印象を持たれやすいですし、内職をしているんじゃないかと疑われることもあります**。参加メンバーによっては利用を控えた方がよい場合もあるでしょう。

主なモバイル機器の特徴

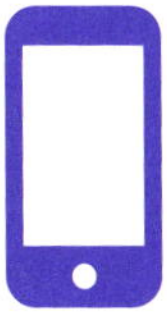

スマートフォン

・多くの人が日常的に携帯している
・画面が小さい
・手軽にWeb検索ができる

タブレット

・画面が大きいため、複数人で見ることができる
・資料の閲覧に最適

ノートパソコン

・パソコン用ソフトが使える
・モバイル機器のなかではサイズが大きい
・キー入力がしやすい

モバイル機器を使う際の注意点

他の参加者の発言中に黙ってモバイル機器をいじっていると話を聞いていないと思われやすい。モバイル機器を使う際は、「○○について調べてみますね」などと宣言してからの方がよい

7-06

第三者に司会役を頼んでみる

中立の第三者がいることのメリット

▼進行を任せて議論に集中する

会議・打ち合わせの進行がどうにもうまくいかない場合、いつもは会議・打ち合わせに参加しない第三者に司会役を頼んでみると改善される場合があります。

司会役の人選は、ある程度議題に関する知識を持っていて、トークと気配りがうまい人がいいでしょう。また、どちらかといえば、自己主張の強い人より黒子役に徹することができるタイプがおすすめです。

司会役を担う第三者は、議論に参加せず、他の参加者の意見を引き出して、会議・打ち合わせをスムーズに進行させることに専念してもらいます。**中立の第三者に会議・打ち合わせの進行を任せると、自然と適度な緊張感が生まれますし、話が横道に流れず、議題に沿った話し合いができます**。

第三者の司会が下手だった場合は、グダグダのまま終わってしまう可能性もありますが、人選を大きく間違えなければ、きっと有意義な会議・打ち合わせになるはずです。

第三者に司会役を任せるメリット

いつもと違う雰囲気になる

第三者が会議・打ち合わせに加わることで、普段と違う新鮮な雰囲気が生まれる

進行がスムーズになる

議論に参加せず、司会進行に専念することになるため、進行がスムーズに運ぶ

参加者の協調性が高まる

第三者の司会を助けようとする気持ちから、進行に対する参加者の意識が高まる

司会役を任せる第三者の選び方

議題に関する知識があって、全体の空気を察する力に長けている人が好ましい

7-07 アイデア力を磨くには

アイデア力を鍛える方法

▼どうしたらよいアイデアが出せるようになるか

よいアイデアが出なかった……というのも、会議・打ち合わせの反省点として上位にランキングされる悩みでしょう。自分のアイデア力を磨くことができれば、会議・打ち合わせの成果も上がります。

優れたアイデアを生み出すには、常識にとらわれない発想力や、多面的な思考力、ひとつのことを長時間考える集中力など、さまざまな能力が必要です。また、たとえば「散歩をしているとアイデアがひらめきやすい」という人が多くいますが、自分がどういう状態・環境にあるときにアイデアを思いつきやすいかを知ることも重要です。前章で紹介したアイデア発想法「オズボーンのチェックリスト」のように、アイデアをひねり出すためのテクニックを見つけることも意味があるでしょう。

アイデア力を一朝一夕に向上させるのは難しいかもしれませんが、普段から意識している人といない人とでは、数年単位で見ると大きな差がつくはずです。

アイデア力を磨くには?

常識にとらわれない

常識にとらわれていると、だれでも思いつくようなありきたりのアイデアしか生まれない。常識を無視できる柔軟な発想を身につけたい

いろいろな角度から考える

ひとつの視点だけでは、生まれるアイデアに限りがある。自分の主観にとらわれず、あらゆる角度から物事を眺めるように心がけよう

他人のアイデアを学ぶ

よいアイデアを生み出すには「よいアイデアとはどんなものか」を知る必要がある。優れた企画、商品を見つけたら他と何が違うのかを考えよう

長時間考える

よいアイデアは長時間悩んだ末に生まれることが多い。ひとつのことを長時間考え続けるためには、仕事にやりがいを感じられることも重要

ひらめきやすい方法を見つける

アイデアを生み出すコツがわかれば、発想の効率が上がる。自分はどういうときにアイデアをひらめきやすいのか、いろいろ試してみよう

いろんなことにチャレンジする

さまざまな経験を積むと考え方の幅が広がり、アイデアのバリエーションも増えてくる。いろんなことに貪欲に挑戦する姿勢を持ちたい

参考文献

『そうか！「会議」はこうすればよかったんだ』（マイナビ出版）齊藤正明（著）
『会議の進め方』（日本経済新聞出版社）高橋誠（著）
『ミーティング・マネジメント――効果的会議の効率的実践』（生産性出版）八幡紕芦史（著）
『ファシリテーションの教科書――組織を活性化させるコミュニケーションとリーダーシップ』（東洋経済新報社）グロービス、吉田素文（著）
『リーダーのための！ ファシリテーションスキル』（すばる舎）谷益美（著）
『「会議ファシリテーション」の基本がイチから身につく本』（すばる舎）釘山健一（著）
『ファシリテーターの道具箱――組織の問題解決に使えるパワーツール49』（ダイヤモンド社）森時彦、ファシリテーターの道具研究会（著）
『ファシリテーション入門』（日本経済新聞出版社）堀公俊（著）
『ファシリテーション・グラフィック――議論を「見える化」する技法』（日本経済新聞出版社）堀公俊、加藤彰（著）
『苦手なタイプを攻略するソーシャルスタイル仕事術』（クロスメディア・パブリッシング）室伏順子（著）
『図解力の基本 ちょっとしたコツだけど、だれも教えてくれない88のテクニック』（日本実業出版社）山田雅夫（著）
『基本図形の使い方で劇的に変わる！ 図解力を10倍高める本』（ソシム）中山真敬、佐藤正人（著）

索引

●著者
会議・打ち合わせ研究会
有名企業に所属するビジネスパーソンや多ジャンルで活躍する経験豊富なフリーランサーによって立ち上げられた私的な研究会。会議・打ち合わせの質を上げることをテーマに、トップランナーからのヒアリングおよび文献研究を行い、成果につながる会議・打ち合わせの手法を研究している。

図解&事例で学ぶ
会議・打ち合わせの教科書

2016年5月31日　初版第1刷発行

著　者　会議・打ち合わせ研究会
発行者　滝口直樹
発行所　株式会社マイナビ出版
〒101-0003 東京都千代田区一ツ橋2-6-3 一ツ橋ビル 2F
TEL 0480-38-6872（注文専用ダイヤル）
TEL 03-3556-2731（販売部）
TEL 03-3556-2733（編集部）
Email：pc-books@mynavi.jp
URL：http://book.mynavi.jp

装丁　萩原弦一郎、戸塚みゆき（デジカル）
本文デザイン　玉造能之、梶川元貴（デジカル）
図解・DTP　富宗治
印刷・製本　図書印刷株式会社

ISBN978-4-8399-5761-2
Printed in Japan